JN099132

サマリー
商法総則・
商行為法 〈第2版〉

楠元 純一郎〔著〕

Summary in Commercial Law

中央経済社

第2版はしがき

　本書は，初版である拙著『サマリー商法総則・商行為法』（2016年・中央経済社）の第2版である。

　初版を上梓して以来，平成29（2017）年に民法（債権関係）が改正され，同時に『民法の一部を改正する法律の施行に伴う関係法律の整備に関する法律（整備法）』により，商法および会社法も改正民法との整合性が図られ，さらに，平成30（2018）年には商法（運送・海商関係）も改正された。

　今回の民法の改正では，商法で規定されていたものが少なからず民法に規定され，それに伴って商法の規定が削除されるという「民法の商化」現象がさらに進んだという印象がある。

　それらの改正を受けて，本書の内容も大幅に修正加筆した。その内容については本書のタイトルのごとく，商法総則・商行為法の要点をまとめたつもりである。今回の執筆は日本の商法の存在意義について改めて問い直すきっかけともなった。

　本書のキーワードの解説はインターネットラジオ「LeoN Radio 日の出」でも発信中である。ラジオ収録では哲学者の松尾欣治先生からつねづね有益な示唆を賜っており，法と哲学の融合に取り組んでいる。本書はこのラジオ解説とともに大学生のみならず，一般社会人の方々にもご利用いただけると幸いである。

　東洋大学大学院博士課程の賈林さん，修士課程の何激さん，李悠然さん，法学部の刘凯戈さん，張暁良さん，刘耀鴻さん，安彧さんには事前には原稿に目を通してもらい，「留学生にもわかりやすい文章」を心がけた。

　本書の刊行にあたり，中央経済社の露本敦氏には初版に引き続き，たいへんお世話になった。記してお礼申し上げる。

2021年1月10日

楠元　純一郎

目　次

第2部　商行為法

viii

法令等略称

会社	会社法
会社計算	会社計算規則
会更	会社更生法
会社則	会社法施行規則
小切手	小切手法
商	商法
商則	商法施行規則
商登	商業登記法
商登則	商業登記規則
商標	商標法
倉庫	倉庫業法
手形	手形法
破産	破産法
非訟	非訟事件手続法
不正競争	不正競争防止法
民	民法
民再	民事再生法
民執	民事執行法
民訴	民事訴訟法
労働承継	会社分割に伴う労働契約の承継等に関する法律

判例集等略称

金法	金融法務事情
集民	最高裁判所民事裁判集
判時	判例時報
判タ	判例タイムズ
民（刑）集	大審院・最高裁判所民（刑）事判例集
民録	大審院民事判決録

第 1 部

商法総則

第1章　商法の意義

1　六法の中の商法

　日本では国家の基本的な法律として憲法，民法，刑法，商法，民事訴訟法，および刑事訴訟法があり，これらは「六法」と呼ばれている。

　憲法，刑法，民事訴訟法，および刑事訴訟法が，国家と私人との関係を規律する「公法」に属するのに対し，商法および民法は，私人間の関係を規律する「私法」に属しており，これらは実体法としての「権利義務の体系」と位置付けることができる。

　商法は一般法である民法の特別法であって，商法は民法に優先して適用される。特別法である商法に規定がなければ，原則として一般法である民法が適用される。民法は一般市民の日常生活における権利義務関係を規律する法律であるのに対し，商法はそれを基礎としつつも，いわば，企業生活といった特別な法域を有すると考えられている。

　商法には商法典の中の商法総則，商行為法，海商法だけでなく，会社法，保険法，手形・小切手法等の商事特別法がある。

　わが国では，民法が明治31（1898）年に，商法が明治32（1899）年に施行されて以来，120余年が経ち，経済社会の発展（通信・輸送手段等の高度化，市場のグローバル化など）につれて，われわれの日常生活も劇的に変化してきている。そして，商法上の原則や諸規定が民法に採り入れられるという「民法の商化」という現象も起きてきている。

　たとえば，平成29（2017）年「民法の一部を改正する法律（債権関係）」（以下，

「2017年改正民法」という）において，民事一般債権の消滅時効が「債権者が権利を行使することができることを知った時から5年間」に変更されていることから（民166条1項1号），従来の5年の商事債権の消滅時効制度（旧商522条）を維持する必要がなくなり，それが削除された。

　また，従来，民法上，利息を生ずべき債権について別段の意思表示がないときは，その利率は年5分とされてきたところ（旧民404条），改正後は，法定利率を当初3パーセントとし，その後，3年ごとに利率を見直す変動制となった（民404条）。それを受けて，年6分とされている商事法定利息の規定（旧商514条）が削除された。よって，利率に関しても，経済の実態に合わせて，民法と商法との平仄が合わされた。

　それゆえ，民法と商法の境界線がどこにあるのか，今後ますます不明確なものとなり，商法の存在意義が問われているといっても過言ではない。

2　形式的商法と実質的商法

　商法は，形式的商法と実質的商法とに分かれる。形式的商法は商法典（明治32年3月9日法律第48号）を意味するのに対し，実質的商法は，商法として統一的および体系的に把握することのできる一定の法域である。

　形式的商法には，現在，第1編「総則（以下，「商法総則」という）」，第2編「商行為（以下，「商行為法」という）」，第3編「海商（以下，「海商法」という）」がある。

　商法総則は，商人とその物的施設および人的施設に関して規定している。そこでは，まず，商人に関する定義がなされ，そして，商業登記，商号，営業および営業譲渡，商業帳簿といった商人の物的施設に関する規定と，商人の営業の履行補助をする商業使用人や代理商に関する人的施設について規定が設けられている。

　なお，商人の定義には，商行為の概念も必要不可欠である。商行為法は販売業や各種のサービス業に関する商取引法について規定している。商法総則が商

人としての「人」に着目しているのに対し，この商行為法は商取引としての「行為」に着目している点が異なる。

　海商法は，船舶・船舶所有者等，船長・船員，海上物品・旅客運送，船荷証券，船舶の衝突，海難救助・共同海損，海上保険，船舶先取特権・船舶抵当権といった，国内における海上企業の組織と活動等について規定している。

　他方，実質的商法をとらえようとすると，民法とどこで一線を画すべきかという問題に直面する。古くは，たとえば，田中耕太郎博士により，法律事実に関する商的色彩論で把握しようとする議論がなされていた。これは，商事の技術的性格，営利性，集団性，個性の喪失等に着目しているのであるが，それでもなお，民法の法域との区別が必ずしも明瞭でない。

　そこで，今日では，商的色彩の主体が企業であるとし，実質的商法を企業に関する法として捉えようとする，カール・ヴィーラントにより提唱され，西原寛一博士によりわが国に紹介された「企業法説」が通説とされている。ここで企業とは「一定の計画に従い，継続的意図をもって，営利行為を行なう独立の経済主体」であり，この営業的な企業に特有の権利義務関係を規律するのが実質的商法である。実質的商法には，商法典だけでなく，会社法，保険法，手形・小切手法，商業登記法等の商事特別法や商慣習，商事自治法も含まれる。

　もっとも，手形・小切手法が実質的商法に該当するかについては争いがないわけではない。たしかに，わが国では，①手形・小切手法が，もともと，明治32年制定の商法典の第四編に規定されていたこと，②商法501条4号において，手形その他の商業証券に関する行為も絶対的商行為と規定されていること，③手形・小切手が，もっぱら企業間取引において広く利用されてきたという経緯からして，ここではそれも実質的商法に含める。しかし，手形・小切手は企業主体以外の一般人でも利用されることもないわけではない。

　なお，実質的商法を企業法としてとらえるならば，企業に関連する経済法である独占禁止法，企業の重要な人的要素である労働者に関する労働法，企業の取引の相手方である消費者に関する消費者法（特に消費者契約法），そして金融商品取引法等をどのようにとらえるべきかという問題がある。そもそも，経

済法には国民経済の健全な発展という目的が，労働法および消費者法には弱者保護という目的が，そして，金融商品取引法には経済法的な側面と弱者である投資家保護の側面の両方があり，それらは商法の取引の円滑を図る目的とは相容れないところがある。

3　商法の理念と特色

　企業法説に立てば，商法は企業に特有の権利義務関係を規律するものであることから，企業に特有の性質を抽出すればその理念が明らかとなるはずである。企業の特色としては，営利性，簡易・迅速性，定型・画一性，大量性，集団性，反復・継続性等があげられる。その他，公示主義，外観主義，強化された契約自由主義，責任加重主義等がある。

　商法はこれらの性質に整合的であると考えられ，一般に取引の安全（動的安全）がより重視される。ただし，企業維持の観点からは，動的安全よりも静的安全が重視される場合もある。

　ちなみに，民法では一般に当事者の意思（静的安全）がより重視される傾向にある。これらの特色に応じて民法が修正されているのが商法であるといってよい。

　商法は，民族性，慣習，道徳といった古来の伝統的なルールを基礎とした民法（とりわけ，物権法や家族法等）と比べ，経済社会の変化に応じて進歩発展していくという特色があり，また，グローバルな傾向が強く，ルールの国際統一化にもなじみやすい。

4　商法の歴史と外国法

　日本の商法はドイツ商法を継受して明治32（1899）年に制定されたものであり，その意味ではドイツ・フランス・イタリア・スペイン等，ヨーロッパの大陸法系に属している。その大陸法系の源流にはローマ法がある。

　商法が誕生したのは中世の地中海商業都市（ベネチア，ジェノアなど）あたりからであるといわれている。それは慣習法に基づく商人の法（人に着目する階級制度を意識）として形成されたものであり，その後，フランス革命を経て，いわゆるナポレオン商法典ができたときは，平等主義に基づき，人から行為にも着目（商人法主義から商行為法主義へ）するようになった。

　最初に商行為法主義を採用したのはスペインであり，商人法主義との折衷主義を採ったのはフランスであるとされている。ドイツは当初，商行為法主義を採用したものの，その後，商人法主義に傾き，日本はドイツ法を参考にしたため，商人法主義と商行為法主義の折衷型となった。

　基本的に大陸法系は成文法（法典）主義を，イギリス・アメリカなどの英米法系はコモンローとエクイティー（コモンローで救済されない場合の法準則としての衡平法）を中心とした判例法主義（判決の集積体が法）を採用している。

　ヨーロッパでも，スイス・イタリア・北欧諸国には商法典がなく，民商二法統一となっている。

　アメリカでは各州にモデル法としての「統一商法典（Uniform Commercial Code）」があり，会社法についてもモデル法としての「模範事業会社法（Model Business Corporation Act）」があるが，それを採用するかどうかは各州の判断に委ねられている。

　アメリカの会社法は州ごとに独自の制定権があり，とりわけ，デラウェア州一般会社法が影響力を有している。デラウェア州の会社法は会社経営者にとって，経営判断の裁量が幅広く認められ，経営の失敗について免責されやすいことから，経営者および支配株主に人気があり，実際にニューヨーク証券取引所に上場している会社の多くがデラウェア州で設立されている。

　このように上場会社の多くがデラウェア一般会社法を設立準拠法にしていることで，デラウェア州の裁判所，特に衡平法裁判所には会社法専門の優秀な裁判官が集まっているとされ，そのため，その裁判例には世界中の研究者，実務家が注目している。

5　商法の法源

　法源とは，簡単にいえば，裁判官が解釈適用または援用する法形式のことである。

　商法の法源には，次のようなものがある。すなわち，①商法典（商法総則・商行為法・海商法）および②商事特別法（商法施行法・商法施行規則，港湾及沿岸小航海ノ範囲ニ関スル件，商業登記法，不正競争防止法，会社法，担保付社債信託法，産業活力再生特別措置法，金融商品取引法，社債，株式等の振替に関する法律，銀行法，信託業法，投資信託及び投資法人に関する法律，外国為替及び外国貿易法，輸出入取引法，商品取引所法，宅地建物取引業法，鉄道事業法，鉄道営業法，道路運送法，貨物利用運送事業法，貨物自動車運送事業法，倉庫業法，旅行業法，消費者契約法，金融商品の販売等に関する法律，国際海上物品運送法，船舶の所有者等の責任の制限に関する法律，船舶油濁損害賠償補償法，保険法，保険業法，手形・小切手法，拒絶証書令等），③商事条約（国際航空運送に関するワルソー条約，モントリオール条約等），④商慣習法（白地手形等），⑤商事自治法（会社定款，金融商品取引所の業務規程等），である。

　なお，後述のように，普通取引約款は，従来，その法的拘束力は認められるものの，法源性については従来，通説・判例上，否定されてきていたが，平成29（2017）年民法改正で明文化され，以後，商事自治法としてその法源が認められると思われる。その他，法源に条理，学説，判例を含める説もある。

6　商法の法源の適用順位

　商法1条1項は，「商人の営業，商行為その他商事については，他の法律に特別の定めがあるものを除くほか，この法律の定めるところによる」と定めている。

　ここで，「この法律」とは，商法典（明治32年制定）のことである。また，「他

の法律に定めがあるもの」の「他の法律」とは，会社法，保険法，手形・小切手法等の商事特別法を意味する。そして，一般法と特別法との関係から，特別法である商事特別法がその一般法である商法典に優先適用され，特別法に規定がなければ，一般法に戻る。

　商法1条2項は，「商事に関し，この法律に定めがない事項については商慣習に従い，商慣習がないときは，民法（明治29年法律第89号）の定めるところによる」と定めている。よって，この規定が示す法の適用順位は，商法典，商慣習，そして民法典ということになる。

　しかし，この商法1条2項における商慣習は，「法の適用に関する通則法」（以下，「法適用通則法」という）3条における慣習との関係で問題となる。すなわち，法適用通則法3条は，「公の秩序又は善良の風俗に反しない慣習は，法令の規定により認められたもの又は法令に規定されていない事項に関するものに限り，法律と同一の効力を有する」と定めており，これは，制定法（商事特別法および商法典）が慣習に優先適用されるということを示したものであると考えられる（制定法優先主義）。

　この点，商法1条2項が，商慣習を制定法である民法に優先させていることと一見，矛盾しているようである。

　しかし，商慣習は，民法92条が定める「法令中の公の秩序に関しない規定と異なる慣習がある場合において，法律行為の当事者がその慣習による意思を有しているものと認められるときは，その慣習に従う」とする規定における「慣習」とは異なるものとされている。

　つまり，民法92条の慣習は，判例によれば，法的効力を有しない単純な慣行の事実であり，法律行為の当事者の意思を補充するものであるとされている（大判大5・1・21民録22・25）。

　慣習は一般的には，意思を補充できても，制定法を改廃するまでには至らないということを意味する。それに対して，商慣習は民法92条の事実上の慣習とは異なり，商慣習として法的確信を伴う場合には，商慣習法と認められると解されている。

　裁判所がその有効性を認め，商慣習法となった商慣習には，具体的には，白地手形（大判大15・12・16民集 5 ・841，大判昭 5 ・ 3 ・ 4 民集 9 ・233），白紙委任状付記名株式の譲渡（大判昭19・ 2 ・29民集23・90），再保険者の代位権（大判昭15・ 2 ・21民集19・273）がある。

　結局，商法 1 条 2 項は，慣習に制定法を改廃する効力を認めない「法の適用に関する通則法」3 条の例外と解するほかない。

　商事条約は，憲法98条 2 項によれば，「日本国が締結した条約及び確立された国際法規は，これを誠実に遵守することを必要とする」とされていることから，これはその適用が他の法源に最優先されるべきことを意味する。

　条約は国家間の合意であり，批准された後，国内法化されるものと，直接適用される条約（自動執行条約）がある。

　たとえば，国際航空運送に関するワルソー条約，ハーグ議定書およびモントリオール条約，国際物品売買契約に関するウィーン売買条約は直接適用される商事条約である。それに対して，ジュネーブ手形統一条約・小切手統一条約は手形・小切手法に，また，船荷証券統一条約であるヘーグ・ルールを改正したヘーグ・ヴィスビー・ルールは国際海上物品運送法に国内法化されている。

　なお，これら手形・小切手法や国際海上物品運送法は商事特別法である。自動執行条約は国内法に優先し，条約が国内法化されれば，他の商事特別法と同じ適用順位となる。

　商事自治法は，たとえば，会社定款，金融商品取引所・商品取引所の業務規程のように，まず，法律に根拠があり，会社または業界団体が自主的に定めた規則である。これは，ソフトローとも呼ばれ，制定法の任意法規に優先適用される。なお，手形交換所の手形交換規則は，法律に根拠がないため，法源としての商事自治法には含まれないと解される。

　結局，商法の法源の適用順位を順番に整理すると，①商事条約（自動執行条約），②商事自治法（ただし，強行法規に反しないものに限る），③商事特別法（商事条約が国内法化されたものを含む），④商法典，⑤商慣習（法），⑥民事特別法，⑦民法典，⑧民事慣習となる。

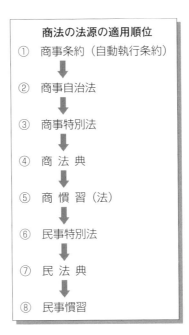

7　普通取引約款

　普通取引約款（以下，「約款」という）は商法の法源ではないが，契約当事者間に一定の拘束力を有するものである。

　約款は，企業取引の集団性，大量性，簡易迅速性，定型画一性に鑑みて，企業側があらかじめ一律に一方的に定めた定型的契約条件であり，相手方である消費者が個別の修正を求めても，認められないものである。

　約款は，それを提示する企業側にとっては簡便で効率的で都合がよいが，その相手方にとっては，その条件を受け入れるか，受け入れないかの二者択一の選択肢しかない点において不利である。ただし，約款によれば，契約が定型画一化されることにより簡易迅速性，取引条件の公平・平等性が確保されるため，相手方にとっても利点がある。

　約款には，たとえば，銀行・証券・保険取引約款，運送約款，旅行約款，宿

泊約款，倉庫約款，ソフトウェア利用約款等があり，それには，開示規制や行政による認可，変更命令といった規制もあり，また，公序良俗に反する約款は無効である。

　ところで，約款の法的拘束力の根拠については従来，争いがある。①約款を商事自治法に含めようとする説はその法源性を肯定している。それに対して，約款それ自体の法源性を否定するものに，②「特定の取引について一般に約款による」との商慣習が存在すると認められる場合に，その拘束力があるとする白地商慣習法説，③約款に契約と同様の拘束性を認める法律行為説，④当事者に約款による旨の意思が推定される場合にその拘束力を認める意思推定説，⑤約款による旨を相手方に知らせ，相手方にもその内容について合理的期待がある場合か，その内容を相手方に知らせ，相手方もその内容を理解し，または，理解しうる場合にその拘束力を認める新契約説などがある。通説は白地商慣習法説であるとされるが，新契約説も有力である。

　これに対し判例は，「特に約款によらない旨の意思を表示しないで契約したときは，反証がない限り，約款の内容による意思で契約したものと推定される」とし，一貫して意思推定説を採っている（大判大4・12・24民録21・2182）。

　このように，従来，約款には民商法上明文の規定（法的根拠）がなく，それが通常用いられる場合には取引約款に従うという白地慣習法が存在していると解釈されてきていたが，平成29（2017）年民法改正で「定型約款」に関する規定が初めて設けられ，「当事者間のみなし合意」によりその拘束力が認められたことから，以後，取引約款は，当該取引が商取引であれば法的根拠のある商事自治法に位置付けられるものと思われる。

　すなわち，2017年改正民法は，定型約款を定型取引の概念から導き，ある特定の者が不特定多数の者を相手方として行なう取引であって，その内容の全部または一部が画一的であることがその双方にとって合理的なものを定型取引と定義し，さらに，定型取引において，契約の内容とすることを目的としてその特定の者により準備された条項の総体を定型約款と定義したうえで（民548条の2第1項），定型取引をした者は，①定型約款を契約の内容とする旨の合意

をしたとき（民548条の2第1項1号），②定型約款を準備した者（定型約款準備者）があらかじめその定型約款を契約の内容とする旨を相手方に表示していたときは，定型約款の個別の条項についても合意をしたものとみなす（民548条の2第1項2号）。これを合意擬制という。

　これらの定義は，事業者間取引に適用される約款を排除するものである。なお，この表示は，相手方が表示の内容を認識し得る機会を保障するものでなければならないと解されている。

　ただし，この個別条項に関する「みなし合意」については例外があり，同項の条項のうち，相手方の権利を制限し，または相手方の義務を加重する条項であって，その定型取引の態様およびその実情ならびに取引上の社会通念に照らして民法1条2項に規定する基本原則（信義誠実の原則）に反して相手方の利益を一方的に害すると認められるものについては，合意をしなかったものとみなす（民548条の2第2項）。これは不当条項および不意打ち条項に対する規制（不当条項規制）における不当条項の不同意擬制という。

　定型約款の内容の表示については，2017年改正民法は，定型取引を行ない，または行なおうとする定型約款準備者は，定型取引合意の前または定型取引合意の後，相当の期間内に相手方から請求があった場合には，遅滞なく，相当な方法でその定型約款の内容を示さなければならないとし，ただし，定型約款準備者がすでに相手方に対して定型約款を記載した書面を交付し，またはこれを記録した電磁的記録を提供していたときは，この限りでないとしている（民548条の3第1項）。これを表示請求規制という。

　さらに，定型約款準備者が定型取引合意の前において前項の請求を拒んだときは，合意擬制の規定は適用せず，ただし，一時的な通信障害が発生した場合その他正当な事由がある場合は，この限りでないとしている（民548条の3第2項）。

　定型約款の内容の変更については，①定型約款の変更が，相手方の一般の利益に適合するとき（民548条の4第1項1号），②定型約款の変更が，契約をした目的に反せず，かつ，変更の必要性，変更後の内容の相当性，この条の規定

により定型約款の変更をすることがある旨の定めの有無およびその内容その他の変更にかかる事情に照らして合理的なものであるときは，定型約款準備者は，定型約款の変更をすることにより，変更後の定型約款の条項について合意があったものとみなし，個別に相手方と合意をすることなく契約の内容を変更することができる（民548条の4第1項2号）。

定型約款の変更をするときは，定型約款準備者は，その効力発生時期を定め，かつ，定型約款を変更する旨および変更後の定型約款の内容ならびにその効力発生時期をインターネットの利用その他の適切な方法により周知しなければならない（民548条の4第2項）。

本条第1項第2号の規定による定型約款の変更は，前項の効力発生時期が到来するまでに同項の規定による周知をしなければ，その効力を生じない（民548条の4第3項）。

このように，定型約款変更の規定は，定型約款準備者の簡易迅速性の要請と相手方の保護をバランスよく調整したものといわれている。

不当条項規制（民548条の2第2項）は，民法548条の4第1項の規定による定型約款の変更については適用しない（民548条の4第4項）。

民法548条の4の規定は，そもそも相手方にとって不利益変更でないか，仮にそうであったとしても，変更の必要性，変更後の内容の相当性，合理性がなければ変更を認めないことから，不当条項規制に関する規定をあえて適用する必要がないからである。

なお，約款には，以上のような立法上の規制に加え，行政上の規制，司法上の規制がある。

行政上の規制は，監督官庁が事前，事後に約款内容の妥当性について審査するものであり，営業には免許制，認可制，届出制等があることから，それらの申請時または届出時に事前の審査が行なわれ，事後的にも問題があれば，取消処分が出されたり，業務改善命令や業務停止命令が発せられたりする。

司法上の規制は，具体的争訟において裁判所が行なう約款効力の否定や制限であり，これは事後的救済である。

第2章 商人の概念

商人には固有の商人と擬制商人があり，商人のうち一定の者を小商人という。

商法は以下のとおり，固有の商人と擬制商人について，商人の定義を行なっているが，固有の商人を定義するにあたっては，いかなる者が商人かについて定義するのではなく，一定の要件の下で一定の商行為を業として行なう者を固有の商人とするとして，商行為の概念からそれを導き出している。これを商行為主義または客観主義という。

1　固有の商人

固有の商人とは，自己の名をもって商行為をすることを業とする者をいう（商4条1項）。

ここで「固有の」とは，「本来の」という意味である。

また，ここで「自己の名をもって」とは，取引（商行為）によって生じる権利義務（法律効果）が自己に帰属する（自己が権利義務の主体となる）ことを意味し，その自己が営業者として行政官庁に届け出ているかどうかは問われない（大判大8・5・19民録25・875）。

自己を本人とする代理行為の場合，商業使用人のような代理人は当該取引の当事者であるとはいえ，その代理人には法律効果は帰属せず，本人である自己は商人であるが，商業使用人は商人ではない。

さらに，ここで「商行為」とは，後述のように，基本的商行為である絶対的商行為（商501条）および営業的商行為（商502条）を意味する。絶対的商行為は，たとえば，安く仕入れた物を，利を乗せて高く売却する（投機購買・実行売却）

ようなきわめて営利性の強い行為であり，一回限りの行為でも商行為となるものと解されている。営業的商行為は，販売行為等以外の一定のサービス行為を反復継続することによって商行為となるものである。

ちなみに，附属的商行為（商503条）は，商人がその営業のためにする行為であるが，固有の商人を定義する際の商行為には含まれない。

なぜなら，附属的商行為は商人の概念から導かれるものであるからである。この概念は，ともすれば，循環論法に陥るおそれがあるので注意が必要である。

また，さらに，ここで「業とする」とは，反復継続することであるが，たとえ，初回の行為でも，継続する意図があれば要件が満たされると解される。

ところで，会社がその事業としてする行為およびその事業のためにする行為は，商行為とするとされている（会社5条）。しかし，この会社の行なう商行為が基本的商行為（商501条，502条）に該当するのかどうかについては，条文からは必ずしも明らかではないが，少なくとも事業としてする行為が基本的商行為であると解すれば，商法4条1項により，会社は固有の商人ということになる。

信用金庫法によって設立された信用金庫については，判例は，国民大衆のために金融の円滑を図り，その貯蓄の増強に資するために設けられた協同組織による金融機関であって，信用金庫の行なう業務は営利を目的とするものではないから，商法上の商人にはあたらないとしている（最判昭63・10・18民集42・8・575）。

中小企業等協同組合法によって設立された信用協同組合については，判例は，今日，その事業の範囲はかなり拡張されてきているとはいえ，なお，組合員の事業・家計の助成を図ることを目的とする共同組織であり，その業務は営利を目的とするものではないことから，商法上の商人には当たらないとしている（最判平18・6・23判時1943・146）。

2　擬制商人

　擬制商人は絶対的商行為や営業的商行為といった基本的商行為を行なうわけではない。たとえば，農林水産業等の原始産業を営む者が販売する物の取得は，一般に，天然に存在する物の原始取得であって，仕入れのような有償承継取得ではないといわれる。よって，この行為は一般的には，絶対的商行為の投機購買にはあたらないと説明される。

　しかし，原始取得した物を，店舗その他これに類似する設備（店舗的設備）で販売するか，鉱業を営む場合には，その者は商人とみなされ，これを擬制商人という（商4条2項）。

　店舗的設備は，実際の店舗だけに限られず，たとえば，インターネット上の仮装の販売システムもそれに含まれる。

　鉱業とは，天然の鉱物資源を採掘，砕鉱，精製する産業であり，これを営む行為も基本的商行為にはあたらないが，その企業的設備およびその規模に着目して，それを営む者は商人とみなされる。

　もっとも，農作物を栽培して収穫するために種・苗木を仕入れる行為や養殖するために稚魚を仕入れる行為は有償承継取得であって，成育後の収穫も厳密には原始取得とはいえない。

　この場合，このような農作物や養殖魚を販売すれば，製造業と同様に絶対的商行為となり，店舗的設備で販売しなくても，この者は固有の商人となり得よう。鉱山を買収して，鉱物を採掘する場合もしかりである。

　医師，弁護士，芸術家など自由職業人は商人となりうるであろうか。これらの者の行為は，社会通念上，営利性がなく，絶対的商行為でもなく，また，営業的商行為でもないと考えられているため，固有の商人の定義は満たさないが，芸術家が店舗的設備で自己の作品を販売すれば，擬制商人となりうると考えられる。

3 小商人

小商人とは，商人のうち法務省令で定める，その営業の用に供する財産につき，最終の営業年度にかかる貸借対照表（最終の営業年度がない場合にあっては，開業時における貸借対照表）に計上した額が50万円を超えないもの（50万円以下）をいう（商7条，商則3条1項・2項）。ちなみに，小商人以外の者は，講学上，完全商人という。

小商人には，商法総則中の，未成年者登記（商5条），後見人登記（商6条），商業登記（商8条〜10条），商号登記（商11条2項），商号譲渡の登記の対抗（商15条2項），営業譲受人の免責登記（商17条2項前段），商業帳簿（会計帳簿および貸借対照表）の作成・保存義務（商19条），支配人登記（商22条）に関する規定が適用されない（商7条）。

これは，小商人に商法の制度を全面的に適用すると煩雑であるため，その営業規模の小ささに配慮し，過度の負担をかけることのないようにする趣旨である。

第3章 商人資格の得喪

　商行為には，絶対的商行為（商501条）および営業的商行為（商502条）である基本的商行為と附属的商行為（商503条）があり，附属的商行為とは，商人がその営業のためにする行為を意味する（商503条1項）。

　つまり，附属的商行為は，商人資格の存在を前提としている。

　そして，商人の行為は営業のためにするものと推定される（商503条2項）。

　会社がその事業としてする行為およびその事業のためにする行為は商行為とされ（会社5条），会社の場合にも商法503条2項が適用されると解されており（最判平20・2・22民集62・2・576），それによれば，会社の行為は事業のためにするものと推定されることになる。

　要するに，代表取締役の私生活に基づく行為により，会社にも事業または事業のためにする行為以外の行為がありうるということになる。個人商人または会社の代表取締役には，企業生活もあれば，私生活もあるため，そのすべての行為が営業（事業）のためにするものとは限らない。

　よって，ある行為が個人商人または会社の代表取締役の私生活のための行為であるならば，その推定規定により，それを「私生活のため」であったことを主張する者が反証（営業・事業のためではなかったこと）を挙げ，その立証責任を尽くさなければならない。

　基本的には，自己の名をもって商行為を業として行なっているか（固有の商人，商4条1項），商行為を行なわない場合であっても店舗的設備で物品を販売しているか，鉱業を営んでいれば（擬制商人，商4条2項），いずれも商人である。

　しかし，近い将来，固有の商人となるつもりではあるが，未だ基本的商行為を営んでおらず，または，同様に，擬制商人となるつもりではあるが，未だ店

舗的設備での販売を行なっていないか，鉱業用設備を整えていない場合であったとしても，営業のためにする目的で，たとえば，営業設備の購入・借入契約，営業資金の借入れのための金銭消費貸借契約を締結するといった，いわゆる，開業準備行為を行なう段階においても商人資格が認められ，つまりその時点で商人となり，その商人が営業のためにする附属的商行為を行なったとすれば，商行為法が適用されうると考えられている。

　営業のためにする開業準備行為には，営業（事業）所，工場，倉庫の開設，機械の購入・賃借・リース，従業員の雇用，開店広告，営業（事業）資金の借入れ等がある。

　もっとも，会社の場合は，設立登記がなされ，会社が成立した時点において，未だ事業を開始していなくても，商人資格が認められると解されている。

　商行為法が適用されると，商事代理（商504条），商事契約の申込みの効力（商508条〜510条），多数当事者間の連帯債務または保証債務の連帯性（商511条1項・2項），報酬請求権（商512条），利息請求権（商513条），流質契約の許容（商515条），商人間の留置権（商521条）等のように，民法を修正した規定が適用されることになり，当事者の利害にかかわってくる。

　ただし，平成29（2017）年民法改正に伴う商法改正で，商事法定利率（旧商514条）および商事債権の消滅時効（旧商522条）の規定が削除され，民商法において差異がなくなったため，その点に関する商人資格の取得時期をめぐる議論の実益もなくなった。

　開業準備行為に商行為法を適用させるためには，それを附属的商行為（商503条1項）と捉える必要があり，その前提として，その行為者が商人資格をすでに取得していることが必要である。実際に，いつ商人資格が取得されるのかについては，以下のように，学説・判例が分かれている。

1　表白行為説

　表白行為説は，単に営業の準備行為を行っているというだけでは不十分であ

り，営業の意思を外部に発表しなければならないとするもので（大判大14・2・
10民集4・56），たとえば，商号の登記，店舗の開設，開店広告，看板の掲揚等
が外部への意思の発表にあたると解されている。

　この説に立つと，表白行為がない限り，商人資格が認められないため，多く
の開業準備行為に商法が適用されないということになる。

2　営業意思主観的実現説

　営業意思主観的実現説は，営業意思が開業準備行為によって主観的に実現さ
れれば，店舗開設等の特別な表白行為がなくても，たとえば，営業資金の借入
れ，工場や営業用機械の購入・借入れ等，営業意思を主観的・内面的に実現す
る行為があれば，商人資格が取得され，その行為は附属的商行為となるとする
ものであり，大審院もこの説に判例を変更した（大判昭6・4・2民集10・289）。

　しかし，それが営業意思の実現であるかは，準備行為の相手方からは必ずし
も明らかではなく，それを認識できない相手方に不測の損害を被らせることに
もなりかねない。

　この説は，商人資格時期の判断を，一方当事者の主観に委ねる点で，公平を
欠くように思われる。

　その後，最高裁は営業意思主観的実現説に立つことを示しながらも（最判昭
33・6・19民集12・10・1575），開業準備行為について相手方が認識していたこ
とにも触れている。

3　営業意思客観的認識可能説

　営業意思客観的認識可能説は，開業意思を対外的に表白することは要せず，
また，単に開業意思が主観的に実現されるだけでは足りず，営業意思が相手方
に客観的に認識可能であることを要求するもので，これは両当事者にとってよ
り公平であることから多数説となっている。

　この説に立つ学説の中には，準備行為自体の性質から判断し，単なる営業資金の借入れや日用品の買入れといった行為では商人資格を取得できないとする説もある。

　この準備行為自体の性質に着目する立場に近いと思われる判例は，「その準備行為は，相手方はもとよりそれ以外の者にも客観的に開業準備行為と認められうるものであることを要すると解すべきところ，単に金銭を借り入れるごとき行為は，特段の事情のないかぎり，その外形からはその行為がいかなる目的でなされるものであるかを知ることができないから，その行為者の主観的目的のみによつて直ちにこれを開業準備行為であるとすることはできない。もっとも，その場合においても，取引の相手方が，この事情を知悉している場合には，開業準備行為としてこれに商行為性を認めるのが相当である。」と判示している（最判昭47・2・24民集26・1・172）。

　なお，この判例は，昭和33年6月19日の判例を引用しており，それを変更したものではない。よって，この判例の立場は営業意思主観的実現説に，準備行為自体の性質による営業意思客観的認識可能説を加味したものであるといわれている。

4　段階説

　段解説は，第一段階として，行為者の営業意思が準備行為によって主観的に実現された場合，相手方が行為者の営業意思の存在を立証できれば，相手方からは行為者の商人性を主張できるが，行為者の方からはそれを主張できないとし，第二段階として，行為者の営業意思が特定の相手方に認識されたか，または，認識されうべき状態となったときには，相手方からのみならず，行為者からもその商人性を主張（対抗）でき，第三段階として，行為者の営業意思が一般的に認識されるようになったときは，その行為者の行為について附属的商行為の推定（商503条2項）が生じるとする学説である。

　この説は，行為者による商人資格の取得の有無を段階的かつ相対的に決定す

るものであり，条文にその根拠がなく，技巧的ではあるが，当事者間の主張立
証を通じて，当事者間のきめ細かい利害調整を図ろうとするもので，有力説と
なっている。

　しかし，この段階説に対して，商人資格の取得は，事実の存否の問題であっ
て，主張の可否（対抗問題）ではないとする消極論もある。

5　商人資格の喪失

　自然人の商人資格の喪失時は，営業目的行為の終了時ではなく，残務処理の
完了時であるとされ，その残務整理も，営業のためにする附属的商行為である
と解されている。

　会社の商人資格の喪失時は，清算結了時である（会社476条，645条）。

第 **4** 章　商業登記

1　商業登記の意義

　商業登記とは，商業登記法の規定に従って，商人が商人に関する取引上重要な一定の事実を法務局が管理する商業登記簿に記録するものである（商8条参照，商登1条参照）。

　何人も，手数料を納付すれば，登記簿に記録されている事項を証明した書面（登記事項証明書）または登記事項の概要を記載した書面の交付を請求できるので（商登10条～13条），商業登記には公示機能がある。

　商人に関する一定の基本情報が一般に公示されていれば，相手方はその商人と取引関係に入ってよいかどうかについてのリスクをあらかじめ判断でき，それによってより安心して取引に入れ，また，商人にとっても自己の信用を高めることができ，さらに商人は登記事実を知らない第三者に対しても，登記さえしておけば，その登記事実を主張（対抗）することができることから，商業登記制度は取引の安全，円滑に寄与する。

　商業登記は，登記事項たる事実関係，法律関係についての発生，変更および消滅の場合になされる（商10条）。

　商業登記の登記事項には，未成年者登記（商5条），後見人登記（商6条），商号登記（商11条2項），営業譲受人の免責登記（商17条2項），支配人登記（商22条），会社であれば各種の会社登記（会社911条～938条）等がある。

2　商業登記簿の種類

　商業登記簿は，商号登記簿，未成年者登記簿，後見人登記簿，支配人登記簿，株式会社登記簿，合名会社登記簿，合資会社登記簿，合同会社登記簿，外国会社登記簿の 9 種類がある（商登 6 条）。

　これらの商業登記簿は登記所である法務局，地方法務局，支局，出張所に備え置かれており，登記事項証明書等は，所定の印紙税を支払えば，誰でも交付等請求できる（商登10条～13条）。

3　商業登記事項

　商人が必ず登記しなければならない事項を絶対的登記事項という。それに対し，登記するかどうかが任意である事項を相対的記載事項という。たとえば，自然人である個人商人はその商号を登記してもよいため（商11条 2 項），その登記事項は相対的記載事項である。

　ただし，絶対的記載事項のみならず，相対的記載事項であっても，いったん登記すれば，その事項が変更または消滅した場合，その都度，その旨を登記しなければならない（商10条，会社909条）。

　設定的登記事項とは，法律関係や事実関係が創設されたことに関する事項である。たとえば，商号の選定（商11条 2 項），支配人の選任（商22条，会社918条），会社設立（会社49条，579条，911条～914条），代表取締役の選任・代表執行役の選定（会社911条 3 項14号・23号ハ，915条）等がある。

　また，免責的登記事項とは，関係当事者の責任を免れさせる事項である。たとえば，支配人の代理権の消滅（商22条，会社918条），代表取締役の退任（会社911条 3 項14号，915条 1 項）等がある。

4　登記所と登記官

　登記の申請は，原則として，登記事項たる事実・法律関係の主体である商人が，その営業所の所在地を管轄する法務局もしくは地方法務局もしくはこれらの支局またはこれらの出張所（これらを「登記所」という）で行なう（商8条，10条，会社907条，商登1条の3）。これを商業登記の当事者申請主義という。

　しかし，例外的に，登記事項が裁判によって生じた場合，裁判所の登記所への嘱託による登記（商登14条，15条），休眠会社の解散登記の場合，登記官の職権による登記（会社472条1項本文，商登72条），商号の登記をした者が，商号の廃止，不使用，変更，当該商号登記にかかる営業所の移転にもかかわらず，当該商号の抹消登記申請をしない場合，同一商号を使用しようとする者による登記の申請もある（商登33条）。

　登記所の登記官は，申請書を受け取った場合，遅滞なく申請事項を調査し（商登則38条），一定の事由が存在するときは，理由を付した決定で当該申請を却下しなければならない（商登24条各号）。この審査は形式審査でよく，判例も，申請事項が真実であるかどうかの実質審査までは要求していない（大判大7・11・15民録24・2183，大判昭8・7・31民集12・1968，最判昭43・12・24民集22・13・3334，最判昭61・11・4集民149・89）。

　なお，インターネットによる登記情報提供制度もある。

5　商業登記の一般的効力

　商業登記において登記すべき事項は，登記の後でなければ，これを善意の第三者に対抗することができない（商9条1項前段，会社908条1項前段）。

　このように，商法9条1項前段および会社法908条1項前段は，登記前の一般的効力について規定しており，たとえ，登記すべき事項が実際に存在していたとしても，登記前は善意の第三者に対して，その登記すべき事項について主

張できない。これを商業登記の消極的公示力という。もちろん登記前であって
も，悪意の第三者に対しては，登記すべき者（登記義務者）はその悪意を立証
すれば対抗できる。

　ここで善意とは，登記すべき事項である事実や法律関係について，単に知ら
ないという意味であって，たとえこの善意者に重過失があったとしても保護さ
れる。

　判例によれば，支配人選任の登記をしていない場合，本条 1 項の規定によれ
ば，支配人選任の事実を善意の第三者に対抗できないにとどまり，第三者から
この事実を営業主に対して対抗することは妨げられないとされている（大判明
41・10・12民録14・999）。

　また，本条 1 項の規定は，第三者相互間には適用されず，当該規定は，登記
当事者が登記すべき事項を第三者に対抗できる場合を規定したものであり，会
社の清算人から動産を買い受けた者が第三者に対して右所有権を主張するよう
な場合には適用されず，清算人登記の効力いかんにかかわらず，右買受人は右
所有権を主張することができるとする判例がある（最判昭29・10・15民集 8・
10・1898）。

　また，本条 1 項は，会社と実体法上の取引関係に立つ第三者を保護するため，
登記をもって対抗要件としているのであるため，実体法上の取引行為でない民
事訴訟において当事者である会社を代表する権限を有する者を定めるに当たっ
ては適用されないとされている（最判昭43・11・1 民集22・12・2402）。

　また，合名会社において社員が退社しても，退社の登記がない以上，取引の
相手方がその退社の事実を知るかどうかに関わりなく，その登記前に生じた会
社の債務につき責任を負い，会社法908条 1 項は適用されない（大判昭14・2・
8 民集18・54）。

　さらに，取締役を辞任した者は，積極的に取締役として対外的または内部的
な行為をあえてした場合，辞任登記未了であることによって，その者を取締役
と信じて会社と取引をした第三者に対して，本条 1 項により，取締役の第三者
に対する損害賠償責任（現行会社429条）を負うべきとする判例もある（最判昭

62・4・16判時1248・127）。

　つぎに，この消極的公示力を反対に解釈すれば，登記後であれば，登記され
ていることを知らない善意の第三者に対しても，伝統的通説によれば，悪意を
擬制し，知っていたものとして取り扱うことができ，これを商業登記の積極的
公示力という。これは，善意の第三者に対しても登記事項を対抗（主張）でき
るという意味である。

　この積極的公示力は，法律関係の画一的・集団的明確化，無益な争訟防止と
いう要請に基づいているといわれている。

　ただし，登記の後であっても，第三者が正当な事由によってその登記がある
ことを知らなかったときは，同様とする（前段を受けて，対抗することができ
ない）とされている（商9条1項後段，会社908条1項後段）。

　つまり，登記後であっても，第三者が登記について，「正当な事由」により
知らなかった場合には，商人はその第三者に登記事項を主張できない。第三者
がこの正当事由があったことについて主張する場合，立証責任を負う。

　ここで正当な事由とは，交通途絶，登記簿の汚損，滅失等，登記の閲覧を妨
げる客観的事由であり，長期旅行や病気等の主観的事由は含まれないと解され
ている。

　この正当の事由の有無につき，代表取締役がその資格を喪失し，その登記が
なされた者から手形の振出交付を受けた者が，右登記事項につき登記簿を閲覧
することが可能な状態にあった場合には，代表取締役のその資格喪失につき知
らなかったことにつき，正当な事由があったとはいえないとする判例がある（最
判昭52・12・23判時880・78）。

6　商業登記の積極的公示力と外観信頼保護規定

　商業登記の積極的公示力は，登記があるにもかかわらずその登記事実を知ら
なかった第三者に対しても対抗できるというものであるが，これは，民商法上
の外観信頼保護規定との関係で問題がある（商24条，会社13条，354条，421条，

民112条）。

　ちなみに，民商法の外観信頼保護規定（民112条，商24条，会社13条，354条，421条）は，外観と真実が不一致の場合，第三者の善意を要件とする。ただし，第三者保護要件が民法では無過失，商法，会社法では無重過失という点で，後者の方がその保護が厚い。

　これらの外観信頼保護規定と商業登記の積極的公示力との関係について，代理権消滅後の表見代理規定である民法112条（代理権の消滅は，善意の第三者に対抗することができないが，第三者が過失によってその事実を知らなかったときは，この限りでないとする規定）は，商法 9 条 1 項の積極的公示力によって排除されると解されている。

　判例も，代表取締役の退任および代表権の喪失につき登記したときは，その後にその者が会社代表者として第三者とした取引については，もっぱら，商法12条（当時）（現行会社908条 1 項）が適用され，民法112条の適用ないし類推適用の余地はないと解している（最判昭49・3・22民集28・2・368）。

　ちなみに，社会福祉法人の理事の退任登記がなされた場合でも，その理事の代表権の喪失を第三者に対抗することができ，その後，その者がした取引については，第三者が登記簿を閲覧することが不可能ないし著しく困難であるような特段の事情がない限り，民法112条の適用ないし類推適用の余地はないとされている（最判平 6・4・19民集48・3・922）。

　このように，商業登記の積極的公示力と外観信頼保護規定は矛盾しているが，その積極的公示力が外観信頼保護規定に優先する根拠には，商法，会社法が民法の特別法である点に加え，伝統的通説として商業登記が第三者の悪意を擬制することにあるとする悪意擬制説がある。

　しかし，外観信頼保護規定の中でも，表見支配人，表見代表取締役，代表執行役に関する外観信頼保護規定（商24条，会社13条，354条，421条）については，悪意擬制説によれば例外的に，商法 9 条 1 項に優先適用されると解する例外説がある。

　つまり，商法，会社法上の表見支配人，表見代表取締役等に関する外観信頼

保護規定は，商業登記の積極的公示力に優先する。

　その理由として，取引の都度，登記簿を調べるのは煩雑であり，登記の存否を絶対視することが取引の実情に照らして適当でないからとされている。

　表見代表取締役の規定を登記の積極的公示力の規定の例外として扱ったと思われる判例もある（最判昭42・4・28民集21・3・796，最判昭43・12・24民集22・13・3349）。

　その他，例外説以外にも，登記に優越するような外観がある場合，たとえば，代表取締役が退任し，退任登記をしたにもかかわらず，依然として代表取締役であるかのような外観が存していた場合，それを登記後であっても登記事実を第三者に主張できない正当事由に含めるべきとする正当事由弾力化説がある。

　これは，商法24条，会社法13条，会社法354条，421条の外観信頼保護規定が，商法9条1項後段，会社法908条1項後段における正当事由に含まれると解する立場である。

　しかし，この正当事由は客観的事由に狭く解釈するのが通説であることから，第三者の主観的事由を認め，弾力的に広く解釈するには理論体系上問題がある。

　さらに，商法9条1項，会社法908条1項を，取引上重要な企業内容の公示主義に基づく登記義務励行促進と，登記をしていなければ第三者への対抗力を認めないとする民事制裁の趣旨であると解し，商法24条等のような外観信頼保護規定とは次元が異なるため，なんら矛盾はなく，たとえ登記がなされていても，外観信頼保護規定の適用の可能性を否定しないとする異次元説もある。

　この場合，第三者が登記を確認していなかったことの過失が問題となる。商法，会社法上の要件は通説は悪意重過失であるため，軽過失が免除されることとなる。

　第三者が取引当初から登記を確認していなかった場合と，いったんはそれを確認し，取引が継続していたにもかかわらず，その後，登記内容が急に変更され，それを知らなかった場合とでは，第三者の重過失の認定に影響を与えうると思われる。

　すなわち，最新の取引の直前に登記内容が変更されており，従来どおりであ

ることを信じて疑わず，登記を再確認していなかった第三者には重過失は認められない。つまり，外観を信頼した者が保護される場合もあってしかるべきであると考える。

7　商業登記の不実登記の効力

　不実の登記をしたからといって，その不実の事項につき効力が発生するものではないが，不実登記を信頼した第三者を保護しなければ登記制度の意味がなくなってしまう。そこで，故意または過失（軽過失も含む）によって不実の事項を登記した者は，その事項が不実であることをもって善意の第三者に対抗することができないと規定されている（商9条2項，会社908条2項）。これは，商業登記の公信力ともいわれることがある。

　不実登記とは登記された事項が事実と異なることであり，積極的な不実登記と，登記事項に変更があったにもかかわらず，故意または過失で変更登記をしていない（登記未了）という消極的な不実登記がある。

　この規定が適用されるための要件は，登記申請が登記申請者によるものでなければならないことである。この登記申請権者は，商人および会社のような本人とその代理人および代表者を意味する。よって登記申請権限のない者が不実登記をしたとしても，当該規定は適用されない。

　代表取締役でない取締役，すなわち，非登記申請者が，自らを代表取締役として登記をし，会社の財産を処分した事件において判例は，当該規定が適用されるためには，原則として登記自体が登記申請者の申請に基づいてされたものであることを要し，そうでない場合には，登記申請者がなんらかの形で当該登記の実現に加功し，またはその不実登記の存在が判明しているのにこれを放置するなど，登記が申請権者の申請に基づく登記と同視するのを相当とするような特段の事情がない限り，同条により，登記名義者は責任を負わないとしている（最判昭55・9・11民集34・5・717）。

　また，登記申請者でなくても，不実登記の出現に加功した者，たとえば，取

締役でないにもかかわらず，不実登記により取締役に就任したことになっている者が，その不実の就任登記につき承諾を与えていた場合については，当該規定を類推適用し，同人に故意または過失がある限り，同人も登記事項が不実であることを善意の第三者に対抗できないとし，取締役の対第三者責任を負うべきとした判例がある（最判昭47・6・15民集26・5・984）。

　さらに，取締役を辞任したにもかかわらず，取締役として積極的に対外的または内部的な行為をあえてしたとか，登記申請者である株式会社の代表者に対して，辞任登記を申請しないで不実の登記を残存させること（辞任登記未了）につき，明示的に承諾を与えていたなどの特段の事情がある場合にも，その者は，取締役辞任の事実を善意の第三者に対して主張できず，取締役の対第三者責任を負うべきとした判例もある（最判昭63・1・26金法1196・26）。

　ところで，公示力が真実の登記事項を善意の第三者にも主張できる効力であるのに対し，公信力には，登記が実態と異なっていても，登記の外観を信頼した第三者を保護し，外観どおりの効果を認める効力がある。

　つまり，公信力とは不実の登記を真実のものと信じて取引をした善意の第三者に対し，その登記事項が不実である旨を主張できない効力であり，たとえ，不実であっても登記（外観）どおりの効果が発生する。商法9条2項は，権利外観法理または禁反言の原則に基づいており，取引の安全に資するものである。

　本条項における善意の第三者とは，登記された事項と事実とが異なることについて知らない第三者を意味する。この場合，知らないことに過失（軽過失・重過失）があったとしても，この第三者は保護される。そのため，第三者がその登記を見たことが要件とされるのか，登記を見なかった第三者も保護されるべきかという問題がある。

　この点，判例には，「登記を見た上で不実登記への信頼があったこと」を要件とはしていない（東京地判昭31・9・10下民集7・9・2445）。

第 **5** 章　営　業

1　営業能力

　商法では取引の安全がより重視されるため，行為（営業）能力がない者と取引をし，その効力が否定されることにより，取引の相手方が不利益を受けることのないよう，また，取引の円滑のため，行為能力に問題のある者またはその関係者の公示規定を設けている。

　自ら単独で営業を行なうことによって営業上の権利義務の帰属主体となり，完全な効力を発生させる能力を営業能力といい，これは民法上の行為能力と関わりがある。

　未成年者（20歳未満。令和4（2022）年4月1日から18歳未満）の法律行為は法定代理人（親権者・後見人）の同意がなければ原則として取り消され，単に権利を得たり，義務を免れたりする行為以外は法律行為ができないが（民5条1項・2項），法定代理人が一種または数種の営業を許可しておけば（営業許可），法定代理人の同意を得なくても営業を行なうことができ，成年者と同一の行為能力を有するとされ，行為能力が認められる（民6条）。未成年者が営業をする場合，商業登記簿中の未成年者登記簿への登記が必要である（商5条，商登6条2号，35条〜39条）。

　また，未成年者については，法定代理人も本人である未成年者を代理して営業を行なうことができ（民824条，859条），その場合，後見人登記が必要であり（商6条1項，商登6条3号，40条〜42条），後見人の代理権に制限を加えたとしても善意の第三者に対抗することができない（商6条2項）。ただし，親権者が

未成年者を代理して営業を行なう場合，登記は必要とされていない。

　なお，後見監督人がある場合，後見人が営業を行なうためには，後見監督人の同意が必要である（民864条）。

　成年被後見人とは，精神上の障害により事理弁識能力を欠く常況にあって，家庭裁判所で後見開始の審判を受けた者であるが（民7条），その成年被後見人の場合，日用品の購入，その他，日常生活に関する行為以外は，すべて取り消しうるから（民9条），成年被後見人は自ら営業をすることはできず，成年後見人に代理で営業をしてもらうほかない（民859条，864条参照）。

　成年後見人とは，成年被後見人の財産を管理し，かつその財産に関する法律行為について成年被後見人を代表する者である（民859条1項）。この成年後見人が本人である成年被後見人を代理して営業をする場合にも後見人登記簿への登記が必要であり（商6条1項，商登6条3号，40条～42条），成年後見人の代理権に制限を加えたとしても，善意の第三者に対抗できない（商6条2項）。

　被保佐人とは精神上の障害により事理弁識能力が著しく不十分である者であるが（民11条），その被保佐人が民法13条1項各号の行為をするには，保佐人の同意がなければ取り消されうる（民13条4項）。それらの行為は営業行為にほぼ該当するため，被保佐人は自ら営業行為をすることはできないと従来解されてきた。

　しかし，民法876条の4第1項・2項によれば，家庭裁判所は，本人の申立てまたは本人の同意があれば，特定の法律行為について保佐人に代理権を付与する旨の審判をすることができ，その限りにおいては，保佐人も被保佐人を代理して営業をすることができる。

　とはいえ，保佐人は法定代理人ではないから，被保佐人のために営業を行なうことができないため，被保佐人は制限行為能力者の中でもっとも不利な立場に置かれかねない。

　そこで学説は，保佐人の同意を得て支配人を選任し，自己に代わって営業をさせることができると解している。

　被補助人とは精神上の障害により事理弁識能力が不十分である者であるが

（民15条1項），その被補助人は，民法13条1項各号に列挙された行為の一部を
なす場合，補助人の同意を得なければならない旨の審判が家庭裁判所によって
下された場合（民17条1項，15条3項），同意を得ないでなされた行為は取り消
されうるし（民17条4項），また，被補助人には営業許可制度がないため，被保
佐人の場合と同様，被補助人が営業活動をすることは事実上困難であると従来
解されてきた。

　しかし，審判を受けた行為については補助人には代理権も認められ，その限
りにおいて営業ができるはずである（民876条の9第1項）。また，その場合，
代理権付与の対象となる法律行為には，民法13条1項に定める行為に限られず，
財産管理に関する法律行為，その他訴訟行為も含まれると解されている。

　ところで，2017年改正民法は民法13条1項に10号を新設し，被保佐人が同条
項1号ないし9号の行為を制限行為能力者（未成年者，成年被後見人，被保佐
人および被補助人）の法定代理人としてする場合にも，保佐人の同意を得なけ
ればならないものとした。

　これにより，被保佐人である親権者が未成年者に営業許可を与えた場合にお
いて，親権者が保佐人の同意を要する行為について未成年者の代理を行なう場
合，保佐人の同意が必要となった。

2　営業の意義

　営業には主観的営業と客観的営業とがある。主観的営業とは商人の営業活動
を意味し，客観的営業とは一定の営業目的のために組織化され有機的一体とし
て機能する営業財産を意味する。

　主観的営業における営業活動は，憲法が保障する営業の自由によって保護さ
れている。すなわち，「何人も公共の福祉に反しない限り，居住，移転および
職業選択の自由を有する」（憲22条1項）。

　しかし，公共の福祉に反する場合には，営業の自由は制限される。それが制
限される場合とは，①公序良俗に反する場合（民90条），②国家財政のための

独占事業（たとえば，たばこ事業8条），③事業の公益性ゆえに内閣総理大臣の免許が必要な場合（銀行・保険・証券・信託業。電気事業，運送業等），④一般公安・保健衛生上の理由から行政官庁の許可・登録が必要な場合（古物商・飲食店・風俗営業等），⑤公務員の営業制限，⑥取締役・支配人の営業制限，⑦不正競争・独占禁止等である。

客観的営業における営業財産は，商法上，営業譲渡（商16条〜18条の2）の対象となる。

なお，会社法上，この「営業」を「事業」と呼んで区別している（会社21条〜24条）。

3 営業所

営業所とは商人の営業活動の中心であり，営業活動についての指揮命令が発せられる場所である。

よって，単なる事実行為を行なう製造工場や，製品の受渡場所，倉庫，駐車場，機械的に販売をする売店等は営業所ではなく，相当期間，継続して固定されていることが必要である。

営業所の中で，全営業を統括する主たる営業所を本店といい，その他，従たる営業所を支店という。

営業所の機能としては，①商行為によって生じた債務の履行場所となること（商516条1項），②営業に関する訴訟についての裁判管轄が決まること（民訴4条4項，5条5号），③商業登記の管轄登記所が決まること（商8条，商登1条の3），④破産，民事再生，会社更生事件の裁判管轄が決まること（破産5条1項，民再5条1項，会更5条1項），⑤民事訴訟法上の書類の送達場所となること（民訴103条1項），⑥支配人および表見支配人の概念と関わりがあること（商20条，24条）等がある。

第6章 商号

1 商号の意義

　商号とは企業主体である商人（会社を含む）が営業（事業）上，自己を表示する名称である。商号は商人にとって取引の相手方に営業の同一性を識別させることができ，また，長年それを使用することにより社会的信用が備わり，一定の集客力を確保することができるため，財産的価値を有している。つまり，商号は知的財産でもある（知的財産基本法2条1項）。

　商号にはそれを正当に使用する商人や，その商号を不正に使用する者に騙されて取引をする第三者を保護するために一定の規制が設けられている。

　商号は名称であるがゆえ，文字だけで表記し，発音できるものでなければならない。商号を登記する場合でも，ローマ字その他の符号を用いることができ，その他の符号にはアラビヤ数字，「＆」（アンパサンド），「'」（アポストロフィー），「,」（コンマ），「-」ハイフン，「.」（ピリオド），「・」（中点）がある（平成14年法務省告示315号）。

　なお，ローマ数字を用いる場合，複数の単語を表記する場合に限り，単語の間の空白（スペース）も認められる。

　商号に似たものに商標や営業標等があるが，これらは商号ではない。商標は商人が製造・販売する商品やそれが業として提供する役務（サービス）を表示するためのものであり，「文字，図形，記号若しくはこれらの結合又はこれらと色彩との結合」（商標2条1項柱書）とされる。役務（サービス）を表示するものは役務商標（サービス・マーク）ともいう。営業標は，商人がその営業の

同一性を示すためのマーク（標章）である。

2　商号の選定

⑴　商号単一の原則

　商人は複数の営業をすることができ，各営業について商号がもてるが，1個の営業について1個の商号しかもてない。これを商号単一の原則という。判例によれば，商人が数種の独立した営業をなすか，または数個の営業所を有する場合，その各営業または営業所について異なる商号を有することを妨げないが，同一営業について同一営業所で数個の商号を有することは許されない（大決大13・6・13民集3・280）。このように，商人が複数の営業を営んでいれば，その営業ごとに，または営業所ごとに複数の商号をもてる。

　しかし，会社の場合には，営んでいる事業が複数あったとしても，商号は一つである（会社6条1項）。

　商号単一の原則の主趣は，一つの営業に複数の商号を認めると営業主体の誤認を招き，また商号専用権の独占につながりかねず，それらを防止するためである。

⑵　商号選定自由の原則

　商号の選定は原則として自由であり，商人（会社および外国会社を除く）は，その氏，氏名その他の名称をもってその商号とすることができる（商11条1項）。これを商号選定自由の原則といい，個人商人ならば原則として，他人の氏名や実際のものと一致しないあらゆる名称を商号とすることができる。

⑶　商号選定自由の例外

　他人の名称等なんでも商号として使われると，取引の安全や他人の営業上の利益が害されることもあるため，例外的に，商号選定には以下のような制限が

設けられている。

　すなわち，会社はその名称を商号としなければならず（会社6条1項），株式会社なら株式会社，合同会社なら合同会社等，その種類に応じた会社形態の文字を商号中に使用しなければならない（会社6条2項）。会社は種類によって社員の責任の態様や組織が異なるからである。

　会社でない者はその商号中に，会社であると誤認されるおそれのある文字を用いてはならない（会社7条）。銀行，信託，証券，保険等，特殊な業種の会社は，それらの文字を商号中に用いなければならず，それ以外の業者は使用することができない。これは業法による制限である。

　さらに，何人（なんぴと）も不正の目的をもって，他の商人であると誤認されるおそれのある名称または商号を使用してはならない（商12条1項，会社8条1項）。この「何人」には，一般の商人や会社以外の者も含まれることに注意が必要である。

　ここで「不正の目的」とは，他の商人であると誤認させる意図と解されているが，その不正の目的がなければ，他の商人であると誤認されるおそれのある名称または商号を使用しても構わない。

　また，商法12条1項の規定に違反する名称または商号の使用によって営業上の利益を侵害され，または侵害されるおそれがある商人は，その営業上の利益を侵害する者または侵害するおそれがある者に対し，その侵害の停止または予防，つまり当該名称または商号使用の差止めを請求することができる（商12条2項）。

　この商法12条2項に基づき，商号使用の差止めを認めた判例には，東京瓦斯事件（最判昭36・9・29民集15・8・2256）がある。本件は，東京瓦斯株式会社が東京都中央区に新社屋を建設し，そこに本店を移転する計画をもっていたことは広く世間に知られていたにもかかわらず，新光電設株式会社が同区内において商号を「東京瓦斯株式会社」に，かつ目的を「石炭瓦斯の製造販売」とする変更登記を行なった。裁判所は，新光電設株式会社には，石炭瓦斯の製造販売の事業を営むに足る能力も準備もない等の事実があるときは，新光電設株式

会社は不正の目的で東京瓦斯株式会社の営業と誤認させる商号を使用したものであって，東京瓦斯株式会社はこれによって利益を害されるおそれがあると判示した。

　その他，不正競争防止法にも，商号等使用を差し止める規制があり，他人の商品等表示（人の業務にかかる氏名，商標，標章，商品の容器もしくは包装その他の商品または営業を表示するもの）として需要者の間に広く認識されているもの（周知性）と同一もしくは類似の（類似性）商品等表示を使用し，またはその商品等表示を使用した商品を譲渡し，引き渡し，譲渡もしくは引渡しのために展示し，輸出し，輸入し，もしくは電気通信回線を通じて提供して，他人の商品または営業と混同を生じさせる（混同）行為（不正競争2条1項1号），さらに，自己の商品等表示として他人の著名な（著名性）商品等表示と同一もしくは類似のもの（類似性）のものを使用し，またはその商品等表示を使用した商品を譲渡し，引き渡し，譲渡もしくは引渡しのために展示し，輸出し，輸入し，もしくは電気通信回線を通じて提供する行為（不正競争2条1項2号）をしてはならない。ここで「著名性」とは「周知性」が極限まで高まったものと解されている。

　これにより，商号のそのような選定および使用には，商法でも不正競争防止法でも，使用の差止めおよび損害賠償の救済を受けられる（商12条2項，会社8条2項，不正競争3条，4条，5条）。

　なお，不正競争防止法の場合，同法2条1項1号では，「周知性」，「類似性」，「混同」の要件が，同法2条1項2号では，「著名性」，「類似性」の要件があるものの，損害賠償については，損害額が「侵害行為によって得た利益」と推定される（不正競争5条2項）。

　商法12条に違反する場合でも，民法709条の不法行為に基づく損害賠償の請求も妨げられないが，その場合，損害額の立証は不正競争防止法に基づく請求と比べて困難となる。

　さらに，不正競争防止法の場合，信頼回復の措置命令の救済もある（不正競争14条）。

3　商号の登記

　会社の場合，設立登記の際に，必ず商号を登記しなければならないが（会社
911条3項2号，912条2号，913条2号，914条2号），個人商人の場合，その商号
を登記することができるとされていることから（商11条2項），登記をしてもし
なくてもよい。

　商人が商号を登記する場合，営業所ごとにしなければならず（商登28条1項），
商号登記簿上の登記事項は，①商号，②営業の種類，③営業所，④商号使用者
の氏名および住所である（同条2項）。

　商号は，他人の商号と同一の商号であっても，同一の営業所所在地でさえな
ければ，登記することはできる（商登27条）。このことから，類似の商号が同
一の営業所所在地で登記されたり，同一の商号が，隣地に登記されたりする可
能性があることは否定できない。このような場合には，商法12条2項，会社法
8条2項，不正競争防止法2条1項1号・2号等で，商号使用の差止請求や登
記抹消請求が可能である。

　当事者は，商業登記法24条1号・2号・3号・5号の事由，または登記され
た事項に無効原因あるときは，訴えをもってのみ無効を主張できる場合以外は，
登記の抹消を申請できる（商登134条1項）。

　商号を登記していなくても，誰かが不正の目的で他の商人または他の会社と
誤認させる名称等を使用することは禁止されており（商12条，会社8条），また，
不正競争防止法（不正競争2条1項1号・2号，3条，4条）上の保護が受けら
れる。

4　商号権

　商人は商号について一定の権利を有しており，これを商号権という。商号権
には商号使用権と商号専用権がある（商12条，会社8条，不正競争2条1項1号・

２号）。商号権は登記の有無にかかわらず認められる。

　商号使用権とは，他人によってその商号使用を妨げられない権利である。

　商号専用権とは，他人が自分の商号と同一または類似の商号を使用することを排斥する権利である。

　前述のように，商法12条１項は，誰でも不正の目的をもって，他の商人であると誤認されるおそれのある名称または商号を使用してはならないと規定している。これを，不正の目的がなければ，他の商人であると誤認されるおそれのある名称または商号であっても使用してもよいと解釈するならば，それは商号使用権を意味し，不正の目的があればそのような商号を使用してはならないと解釈すれば，それは商号専用権を意味する。

　ここで不正の目的とは，ある名称または商号を自分の名称または商号として使用することにより，一般人に対して，自己の営業を他の商人の営業または会社であるかのように誤認させる意図をいうものと学説上解されている。

　裁判所は，「不正の目的」について，他の会社の営業と誤認させる目的，他の会社と不正に競争する目的，他の会社を害する目的など，特定の目的だけに限定されるものではなく，不正な活動を行なう積極的な意思を有することを要するとしている（知財高判平19・６・13判時2036・117）。

5　商号の譲渡

　商号（商号権）は，財産的価値を有するので他人に譲渡することができる。ただし，商号は営業とともにする場合または営業を廃止する場合に限り，譲渡することができる（商15条１項）。

　つまり，商号は単独では譲渡できない。なぜなら，商号は商人の営業上の名称であり，営業と密接に結び付いているからである。商号が単独で譲渡されると，譲渡人の営業と譲受人の営業とが混同されるおそれがある。

　しかし，営業を廃止して商号を譲渡する場合には，営業の混同を生じるおそれが少ない。よって，商号は，営業とともに譲渡するか，営業を廃止した上で

譲渡するしかできないのである。

　商号の譲渡は，当事者間の意思表示で効力は生じるが，「商号譲渡の登記」をしなければ第三者に対抗することができない（商15条2項）。二重譲渡の危険があるからである。

　なお，商号は相続の対象となりうる（商登30条3項）。

第 **7** 章　名板貸

1　名板貸の意義

　名板貸（ないたがし）とは，いわゆる名義貸しのことであり，ある商人（名板貸人）が，自己の商号を使用して営業または事業を行なうことを他人（名板借人）に許諾することである。

　名板貸は，名板借人にとっては名板貸人の信用や名声を利用することによって自己の営業を有利に展開させることができ，名板貸人にとっては商号使用許諾の対価として使用料を受け取ることができるため，双方にとって利点がある。

　名板貸人は，名板貸人が当該営業を行なうものと誤認して名板借人と取引をした相手方（名板貸人にとっては第三者）に対し，名板借人と連帯して当該取引によって生じた債務を弁済する責任を負う（商14条，会社9条）。

　名板借人と取引した相手方にとっては，名板貸人と取引をしているかのような外観があるので，本条はその外観を信頼した相手方を保護しようとする権利外観理論または禁反言の原則に基づいている。

2　名板貸の責任要件

　名板貸人に名板貸の責任が発生するための要件は，①営業主体が名板借人ではなく名板貸人であると誤認させるような外観が存在すること（外観），②名板貸人が自己の商号を使用して営業をなすことを許諾したことにより，外観作出上の帰責性があること（帰責性），③相手方が名板貸人を営業主体であると

誤認して名板借人と取引したという，外観に対する信頼があること（信頼）である。

　商号の同一性の要件について判例は，名板貸人と名板借人の商号は完全に一致する必要はなく「出張所」が付加された場合（最判昭33・2・21民集12・2・282），百貨店の商号に「書籍部」が付加された場合（東京地判昭27・3・10下民集3・3・335）でもよいとしている。要するに，第三者による営業主体の誤認の程度に応じて柔軟に解釈されるのであるとすれば，付加されるものが「支店」でも「営業所」でも同様であろう。

　次に，営業の同一性の要件について判例には，名板借人の営業が名板貸人の営業と異なる場合において，特段の事情のない限り，原則として名板借人の営業（事業）は名板貸人の営業（事業）と同種である必要があるとしつつも，電気器具商の廃業にあたり，その使用人であった者が，商号「現金屋」の看板が掲げられ，ゴム印，印鑑，小切手帳等もそのまま置かれた店舗で食料品店を営んだ場合において，名板貸責任を認めたものがある（最判昭43・6・13民集22・6・1171）。これは企業の営業（事業）の多角性，流動性に配慮したものであろう。

　また，名板借人が使用を許諾された名称を営業には使用せず，手形の振出に使用した場合においても，名板貸責任規定を類推適用して，名板貸責任を認めたものがある（最判昭55・7・15判時982・144）。

　商号使用許諾の方法は，明示的方法でも黙示的方法でもよい。ただし，他人が自己の商号を使用しているのを黙認し，ただ放置しているというだけでは，ただちに使用許諾があったとされるわけではない。

　なぜなら，商号使用の阻止義務が当然に存在するわけではないし，そもそも商号専用権がない限り，他人に対して商号使用を阻止する権利すらないからである。

　そこで，営業主が自己の事務所や土地，看板等を使用させている等，社会通念に照らしてなんらかの帰責性がなければならないと解されている。

　判例には，東京地方裁判所が，その職員に「東京地方裁判所厚生部」という

名称を用いて取引することを認め，また，地方裁判所総務局厚生係に充てた部室を使用することを認めていた等の事情があるときは，自己の取引であるかのような外形を作り出したとして，東京地方裁判所に名板貸責任を認めたものがある（最判昭35・10・21民集14・12・2661）。

　また，商号使用の明示的な許諾も商号使用それ自体もなかったにもかかわらず，名板貸責任規定を類推適用した判例がある。

　すなわち，ペットショップ（以下，「P」という）で病気に感染していたインコを購入した買主の家族がそれが原因で死亡したため，スーパーマーケット（以下，「S」という）に対して損害賠償を求めたところ，PはSのテナントにすぎないが，一般客が営業主体をSであると誤認するのもやむをえない外観があり，かつSとPとの契約によってPをSの統一的営業方針に従わせる等の事情が存在している場合においては，Sにも名板貸人と同様の責任があるとされた（最判平7・11・30民集49・9・2972）。

　同様の類推適用事例として，ホテルのテナントであるマッサージ店が施術ミスで顧客に損害を与えた場合においてホテルに名板貸責任を認めたものがある（大阪高判平28・10・13金判1512・8）。

　以上，名板貸責任の類推適用を認めた二つの事例は消費者保護を意識したものである。

　相手方の誤認，信頼の要件については，相手方が善意であることが必要である。そこで過失の有無が問題となるが，多数説，判例は，重大な過失だけが悪意に相当するとし，相手方の保護は，善意無重過失で足りると解している（最判昭41・1・27民集20・1・111）。

　つまり，取引の主体が名板貸人ではなく名板借人であることを軽過失によって知らなかった場合でも相手方は保護されるのである。

　この点，名板貸責任と類似の法律構成として，代理権授与表示による表見代理（民109条1項）も考えられるが，この場合，相手方が過失によって知らなかった場合，過失には重過失も軽過失も含まれるため，軽過失でも保護されないことになる。

　なお，名板貸と似てはいるが異なるものに，フランチャイズ（franchise）契約がある。フランチャイズとは，事業者「フランチャイザー」（本部）が，他の事業者「フランチャイジー」（加盟店）との間に契約を結び，自己の商標，サービス・マーク，トレード・ネームその他の営業の象徴となる標識，および経営のノウハウを用いて，同一のイメージのもとに商品の販売その他の事業を行う権利を与え，他方，フランチャイジーはその見返りとして一定の対価（ロイヤリティー）を支払い，事業に必要な資金を投下してフランチャイザーによる指導および援助のもとに事業を行う両者の継続的関係をいうとされている。

　フランチャイズには，本来，特権（一手販売権）を与えるという意味があり，契約に基づき，本部が加盟店に特権を与え，共同事業を行なうものであるが，両者は，法律的にも財務的にもそれぞれ独立した経営体であり，店舗を経営する加盟店の能力と努力次第で業績が左右される。

　今日，フランチャイズ契約は非典型契約として，コンビニエンスストア等の小売業，レストラン等の飲食業，教育・娯楽・スポーツ産業など，多業種に普及している。

　なお，フランチャイズ契約において使用許諾されるのは，商号ではなく，あくまでも商標であり，商法14条の名板貸には当たらないと解されている。

3　名板貸の責任

　名板貸人は，名板借人と相手方との間の取引によって生じた債務について，名板借人と連帯して責任を負う。

　この債務は不真正連帯債務（連帯債務者の意思にかかわらず連帯し，連帯債務者に生じた事由が他の連帯債務者に効力を与える絶対的効力事由の一部が制限される）であるとされる。

　取引によって生じた債務には取引自体から生じた債務（代金債務等）のほか，名板借人の債務不履行による損害賠償債務，契約解除による原状回復義務，取引に関連して生じた債務が含まれると解されている。

　売買契約の解除によって負った手付金返還債務も当該取引によって生じた債務に含まれるとした判例もある（最判昭30・9・9民集9・10・1247）。

　しかし，名板借人による不法行為による損害賠償債務については名板貸責任の射程が及ばない。一般に誤認と損害との間に因果関係がないからである。

　判例にも，「その取引に因りて生じたる債務」とは，第三者において名義貸与者が営業主であるとの外観を信じて取引に入ったため名義貸与を受けた者がその取引をしたことによって負担することとなった債務を指し，交通事故その他の事実行為たる不法行為に起因して負担した損害賠償債務は，その債務に当たらないとするものがある（最判昭52・12・23民集31・7・1570）。

　ただし，詐欺のような取引的不法行為（詐欺的不法行為）の場合，判例によれば，名義貸与を受けた者が取引行為の外形を持つ不法行為により負担することになった損害賠償債務も「取引に因りて生じたる債務」に含まれるとされる（最判昭58・1・25判時1072・144）。

第 **8** 章 営業譲渡

1 営業譲渡の意義

　商人の営業には，営利活動（主観的営業），営業財産（客観的営業）があり，営業財産には積極財産と消極財産がある。

　積極財産には，物（動産・不動産），権利（物権・債権・有価証券上の財産権・商標権や特許権等の無体財産権）のほか，事実関係（営業上の秘訣・ノウハウ・経営組織・得意先・仕入先・販売の機会・創業の年代・社会的信用・立地条件等）がある。

　この事実関係のことを暖簾（のれん）（goodwill）とか老舗（しにせ）とか営業権といい，これを評価することにより，単なる個々の具体的な営業財産の総和よりも大きな価値が得られる。

　消極財産には借入金・買掛金等，営業上の債務等があるとされる。

　営業譲渡とは，営業そのものの全部または重要な一部を譲渡することである。判例は，一定の営業目的のため組織化され，有機的一体として機能する財産（得意先関係等の経済的価値のある事実関係を含む）の全部または重要な一部を譲渡し，これによって営業的活動の全部または重要な一部を譲受人に受け継がせ，譲渡人が譲渡の限度に応じて法律上当然に，競業避止義務を負うものと解している（最大判昭40・9・22民集19・6・1600）。

　学説上，その判例と同様の立場は，営業財産説といわれる。その他，暖簾のような事実関係だけを営業と解する営業組織説，営業活動を営業と解する営業活動説がある。

　ここで営業は事実関係を含めて営業財産と解するのが実態に即しており，営業譲渡は，組織的有機的一体としての営業財産の全部または一部を一個の契約によって移転し，当事者間に債権・債務が生じるにすぎない債権契約であり，取引法上の行為である。

　このように，営業譲渡により営業を一括譲渡することが可能であるが，営業譲渡は相続や会社合併，会社分割のように包括承継ではなく特定承継であるため，個別的移転手続，つまり当事者間の個別の合意に加え（その際，一部の財産を除外することもできる），譲渡される営業に債権が含まれる場合，債務者への通知または債務者の承諾（第三者に対する対抗要件としても）（民467条1項），その他，事実関係の承継のための案内・紹介・伝授等が必要である。また，それに債務が含まれる場合，債務引受け（民472条），債務者交替による更改（民514条）等が別個に必要であり，免責的債務引受けには債権者の承諾（民472条3項）が，債務者交替には債権者と新債務者との合意（民514条1項）が必要である。

　ところで，会社の場合，営業譲渡ではなく事業譲渡（会社21条〜24条，467条〜470条）というが，労働契約関係は，事業譲渡に類似した会社分割の場合，「会社分割に伴う労働契約の承継等に関する法律」により，労働者が異議を申し出ない限り，分割承継会社に承継され（労働承継3条），それが承継されない場合も労働者は異議を申し出ることができ（労働承継4条），労働者は保護される。

　それに対して営業譲渡や事業譲渡の場合，労働契約関係の承継には譲渡当事者間の個別の合意が必要であり，またその承継には労働者の承諾が必要である（民625条1項）。

2　営業譲渡の経済的機能

　営業財産を個々別々に処分すると企業は解体してしまうが，有機的一体として譲渡できるならば，譲受人はそのまま営業活動を継続することができ，国民経済のために企業維持にも役立ち，譲渡人はより高い価格で売却することがで

きるため，譲渡人にとっても有利である。

　さらに，営業譲渡・譲受けによって，規模を拡大したり，営業力を強化したり，逆に，不採算部門の切離しによる商人組織の再編，合理化に役立ち，後継者がいない場合にも，廃業・転業のための清算手続を円滑に行なえるという利点もある。

3　営業譲渡人の競業避止義務

　商人がその営業を譲渡する場合，譲渡人は競業避止義務を負う。すなわち，営業譲渡人は当事者の別段の意思表示がない限り，原則として，同一の市町村の区域内およびこれに隣接する市町村の区域内においては，その営業譲渡日から20年間，同一の営業を行なってはならない（商16条 1 項）。会社の事業譲渡の場合も同様である（会社21条）。この20年という期間は，同一の営業を行なわない場合に限って，特約で延長することもできるが，その場合でも，営業譲渡日から30年を超えてはならない（商16条 2 項）。

　もちろん，顧客を不正に奪うような不正の競争の目的があるならば，地理的制限または期間的制限に関係なく，競業を行なってはならないことはいうまでもない（商16条 3 項）。

4　営業譲渡の第三者に対する関係

　営業譲渡が行なわれても，第三者にとっては，営業の移転（営業主体の交替）に気付き得ない場合があり，そのため，営業譲渡人の債権者または債務者を保護する必要がある。

　すなわち，営業譲渡において，もし，譲渡人の営業上の債務が譲渡されなかった場合，債務は譲渡人に残存することになるが，その譲渡人の債権者は，営業主体の交替に気付き得ない場合，債権回収の機会を逸してしまうかもしれない。

　また逆に，営業上の債権が譲渡されなかった場合，その債務者は譲受人に弁

済をしてしまうことにより二重弁済の危険を負うことになる。

(1)　商号の続用がある場合

　営業譲受人が営業譲渡人の商号をそのまま続用する場合，営業譲渡人の債権者は営業主体の交替に気付き得ない場合があり，仮に知っていたとしても，営業譲渡によって移転していない債務が譲受人に移転したものと誤認しやすいとのことから，当該債務が移転していなくても，譲受人による商号の続用があれば，譲渡人が営業上負った債務につき，譲受人も弁済の責任を負わなければならない（商17条1項，会社22条1項）。

　本規定の根拠は，通説によれば，譲渡人の債権者の外観信頼保護にあるとされる（権利外観説または禁反言法理説）。

　たしかに，外観信頼保護説による信頼は，商号続用営業譲渡によって譲渡人の債権者が営業主体の交替に気付かず，債権回収が遅れたことにより不利益を受けた場合には保護に値する思われる。

　しかし，この外観信頼保護説には以下のような問題が指摘されている。

　①　営業主体の混同について，譲渡人の債権者は，そもそも譲渡人を信頼して取引をしたのであって，商号の続用があっても当該債権者は商号を通じて事業の同一性を信頼しているだけであり，また当該債権者が営業主体の交替を知らないとしても，それを知った時点で譲渡人を債権者と解すればよいはずであること。

　②　本条項は譲渡人の取引上の債権者に対し，商号の続用があったことを奇貨として，譲渡人の連帯債務という当該債権者が取引時に合理的に期待することのできなかった利益を与えかねないこと。

　③　外観信頼保護説は，営業譲渡の事実を知っていたとしても，商号続用の場合は譲受人による債務引受けがあったものと考えるのが常態であることを前提にしているが，このような債務引受けの誤信については，譲受人が必ずしも債務を引き受けるわけではなく，むしろ危機的状況の中で事業の再建を図ろうとする場合，譲受人は積極財産だけを譲り受けるであろうから，この場合は譲

受人による債務引受けはないものと考えるのが常態であること。

④　そもそも譲受人に債務引受けがなされていなくても，譲渡人は営業譲渡の対価を受け取っているはずであるから，譲渡人の債権者はその対価を当てにすべきであること。

⑤　もし本条項の趣旨が外観信頼保護にあるのならば，債務が譲受人に移転していないことについて悪意の債権者は保護されるべきでないこと。

そこで，営業財産が移転したことを根拠とすべきであるとする譲受財産担保説（担保説）もある。この説は，商法17条1項および会社法22条1項が，譲渡人の債権者の善意悪意を問題としていないことと，同条3項が譲渡人の責任を，譲渡後2年を過ぎると消滅することを根拠にしている。

しかし，この説では，それが営業財産の担保力を考慮したのであれば，なぜ商号の続用の場合だけ譲受人も債務を負うことになるのか，また，法律上の担保権者でない債権者が譲受人の同意なしに弁済追求できる法的根拠がなく，怠惰な債権者を不当に優遇することになり，さらに，譲受人が債務を負わない旨の登記または通知をしたときには債務を負わなくて済むのはどうしてか，そして，担保説では譲受人は譲り受けた積極財産の限度でしか責任を負わないはずなのに，実際にはなぜ無限責任を負うのかについて十分には説明がつかない。

その他，営業譲渡の後，譲受人が遅滞なく譲渡人の債務について責任を負わない旨を登記するか，その旨を譲渡人および譲受人から第三者に通知すれば，譲受人は責任を免れるとする商法17条2項に基づく譲受人債務承継意思説がある。

これは，譲受人が債務を負わない旨を登記するか第三者にその旨を通知しさえすれば責任を免れるにもかかわらず，あえてそれをしなかったのは，譲受人に債務を承継する意思があったからであるとするものである。

この説は，具体的条文に則したものとなっており，相対的にはより説得力があるように思われる。法の不知は自己責任であろう。

また，それと同様の説に，商号続用者の登記・通知励行誘導説がある。これも商法17条2項の規定を，免責登記や第三者への通知をしない限り，譲受人は

譲渡人の債務を引き受けたものと扱うことで登記・通知が行われるよう誘導するためのサンクションととらえるものである。

さらに，詐害譲渡法的機能説もある。これは外観信頼保護説に立った上で，営業譲渡を知っていても債務引受けの誤認の信頼を保護すべきなのは，債務だけ残して営業を移転してはならないという詐害譲渡法的発想から，詐害的破産時における債権者の権利行使の機会を一定の要件のもとで保障する機能に着目している。

この説は後述のように，商法18条の2および会社法23条の2において法制化されているが，今後は，それと商法17条1項および会社法22条1項との関係が微妙である。

なお，譲渡人の営業上の債権について，その債務者が商号を続用した譲受人に対して弁済をした場合，弁済者が善意無重過失であれば有効である（商17条4項）。

商号の続用があったかどうかをめぐっては，判例には，「有限会社米安商店」から営業を譲り受けた者が，商号を「合資会社新米安商店」として使用した場合において，「新」の字句は取引の社会通念上は承継的文句ではなく，かえって新会社が旧会社の債務を承継しないことを示すための字句であるから，商号の続用には当たらないとしたものがある（最判昭38・3・1民集17・2・280）。

また，営業（事業）の現物出資を受けて設立した会社が現物出資者の商号を続用する場合に，旧商法26条（会社22条）を類推適用し，現物出資者の債権者に弁済責任を負うとしたものがある（最判昭47・3・2民集26・2・183）。

さらに，商号ではなく，ゴルフクラブの名称（商標）が継続して使用（続用）されている場合において，商法17条1項（会社22条1項）を類推適用し，ゴルフ場の事業譲受人はゴルフ会員権にかかる預託金の返還義務があるとした判例もある（最判平16・2・20民集58・2・367）。

⑵　商号の続用がない場合

商号の続用がなければ，譲渡人の債権者を保護する必要はないが，譲受人が

譲渡人の債務をあえて引き受ける旨の広告をしたときは，外観法理または禁反言の原則により，その債権者は譲受人に対して弁済請求できる（商18条1項，会社23条1項）。

これにつき，「鉄道軌道業並びに沿線バス事業を譲受ける」旨の広告は，右事業に伴う営業上の債務を引き受ける趣旨を包含しているから債務引受の広告に当たるとした判例があるが（最判昭29・10・7民集8・10・1795），A社，B社，C社（旧3社）が営業を廃止し，新たな商号でY会社が設立されて，旧3社と同一の業務を開始するという趣旨の，取引先に対する単なる挨拶状には，旧3社の債務を新会社が引き受ける趣旨は含まれていないとする判例もある（最判昭36・10・13民集15・9・2320）。

ただし，債務引受の広告後2年以内に譲渡人の債権者が譲渡人に請求または請求の予告をしない場合には，債権者は譲渡人に対して弁済請求することができなくなる（商18条2項，会社23条2項）。これは除斥期間である。

5　詐害営業譲渡にかかる譲受人に対する債務の履行請求

譲渡人が譲受人に承継されない債務の債権者（以下，「残存債権者」という）を害することを知って営業を譲渡した場合には，残存債権者は，その譲受人に対して，承継した財産の価額を限度として，当該債務の履行を請求することができる。

ただし，その譲受人が営業の譲渡の効力が生じた時において残存債権者を害すべき事実を知らなかったときはこの限りでない（商18条の2第1項）。

譲受人が前項の規定により同項の債務を履行する責任を負う場合には，当該責任は，譲渡人が残存債権者を害することを知って営業を譲渡したことを知った時から2年以内に請求または請求の予告をしない残存債権者に対しては，その期間を経過したときに消滅する。営業の譲渡の効力が生じた日から20年を経過したときも同様とする（商18条の2第2項）。

譲渡人について，破産手続開始の決定または再生手続開始の決定があったと

きは，残存債権者は，譲受人に対して同条の2第1項の規定による請求をする権利を行使することができない（商18条の2第3項）。

　なお，改正民法424条1項を受けて，旧商法18条の2第1項ただし書の「残存債権者を害すべき事実」は，「残存債権者を害すること」に改められ（商18条の2第1項），改正民法426条後段を受けて，旧商法18条2項後段の「20年」は「10年」に短縮されることとなった（商18条の2第2項）。

6　営業の賃貸借・経営委任・損益共通契約

　営業の賃貸借とは，商人がその営業の全部または一部を一括して他人に賃貸する混合契約である（民601条以下参照）。この賃貸借の対象となる営業も一定の営業目的のために組織化され有機的一体となった財産である。営業の賃借人は賃貸人に対して賃料を支払う義務を負い，賃借人は営業の主体となって，賃借した営業から生じる権利・義務を負う。

　経営委任とは，商人がその営業の指揮を他人に委ねることである。経営委任の場合の営業主体は，営業の賃貸借の場合と違って，委任者である。

　なお，営業上の損益を合算した上で，商人と契約の相手方があらかじめ合意していた一定の割合で分配する契約を損益共通契約という。

7　営業の担保化

　一定の営業目的のために組織化され，有機的一体となった事実関係を含む財産には，個々の営業財産の総和以上の価値があり，本来は，その営業財産を一括して担保権を設定できたほうが金融の観点から望ましいが，実際は，個別の営業財産について質権，抵当権，譲渡担保を設定するほかなく，営業を担保化することは認められていない。これは立法論上の課題である。

第9章　商業帳簿

1　商業帳簿の意義

　商人の会計は，一般に公正妥当と認められる会計の慣行に従うものとされる（商19条1項）。

　公正な会計慣行に合致する会計基準は複数存在することがあり得るので，ある会計基準が唯一絶対のものであることを認めるに足りる証拠がない以上，その基準に従った処理を義務付けられるものではない（大阪高判平16・5・25判時1863・115）。

　少なくとも証券取引法（金融商品取引法）の適用がある株式会社においては，企業会計原則に違反しない会計処理をしている以上，特段の事情がない限り，「公正なる会計慣行」に違反していないとしている（大阪地判平15・10・15金判1178・19）。

　商業帳簿は，営業上の財産および損益の状況を把握するため，商法上，小商人（商7条）を除く，すべての個人商人にその作成が義務付けられている帳簿であり，それには後述のような会計帳簿と貸借対照表がある（商19条2項，商則4条〜8条）。

　法人商人である会社が作成を義務付けられる帳簿は，この商法上の商業帳簿ではないことに留意しなければならない。ちなみに，株式会社の場合，会計帳簿，計算書類（貸借対照表・損益計算書等），事業報告およびこれらの附属明細書である（会社432条，435条）。

　商人は帳簿閉鎖の時から10年間，その商業帳簿およびその営業に関する重要

な資料を保存しなければならない（商19条3項，会社432条2項，435条4項）。帳簿閉鎖の時とは，決算の締切時である。また，重要な資料とは，その営業に関する契約書，受領書，領収書，伝票等を指す。

　商業帳簿は，商人が合理的な営業を行なうために財産や損益の状況を正確に把握するのに必要である。また，商人だけでなく，取引の相手方（債権者）や出資者等，企業関係者にとっても，商人の資力が明らかになることで，取引の履行の可能性，弁済能力，投資効果の見込み等を判断する上で有益である。さらに，商業帳簿は紛争が生じた際の重要な証拠にもなり，また，税務申告書を作成するための資料ともなる。

　裁判所は申立てまたは職権により訴訟当事者に対し，商業帳簿の全部または一部の提出を命じることができる（商19条4項，会社434条）。ただし，商業帳簿には特別な証拠力があるわけではなく，一般原則に従い，裁判官の自由心証に委ねられる。

　なお，個人商人の場合，商業帳簿の作成・保存・提出義務に違反しても特に制裁はないが，会社がそれに違反すれば過料に処せられる（会社976条7号・8号）。

2　会計帳簿

　会計帳簿とは，一定の時期における商人の営業上の財産およびその価額，取引その他営業上の財産に影響を及ぼすべき事項を記載する商業帳簿である。営業上の財産に影響を及ぼすべき事項には，事件・事故・災害等による財産の減失・毀損等も含まれる。会計帳簿は，貸借対照表を作成するための基礎となる。

　会計帳簿には具体的には，日記帳，仕訳帳，総勘定元帳，補助簿（現金出納帳，預金出納帳，仕入帳，売上帳，手形記入帳等）がある。

　日記帳とは日々の取引を発生順に記載したものであり，仕訳帳は日記帳に記載された取引を発生順に借方と貸方に分けて仕訳したものであり，総勘定元帳は，仕訳帳の内容を各勘定科目別に転記したものである。

　会計帳簿の記載または記録の内容と方法については，法務省令に委ねられている（商則5条）。

3　貸借対照表

　貸借対照表とは，一定の時期における営業上の総資産を，資産の部（借方）

貸 借 対 照 表
（令和3年3月31日現在）

（単位：千円）

資 産 の 部		負 債 の 部	
科　　　　　目	金　額	科　　　　　目	金　額
流 動 資 産	×××	流 動 負 債	×××
現 金 及 び 預 金	×××	支 払 手 形	×××
金 銭 の 信 託	×××	未 払 金	×××
有 価 証 券	×××	未 払 法 人 税 等	×××
前 払 費 用	×××	未 払 消 費 税 等	×××
繰 延 税 金 資 産	×××	未 払 費 用	×××
未 収 入 金	×××	預 り 金	×××
短 期 貸 付 金	×××	賞 与 引 当 金	×××
その他の流動資産	×××	その他の流動負債	×××
貸 倒 引 当 金	×××		
固 定 資 産	×××	固 定 負 債	×××
有 形 固 定 資 産	×××	退 職 給 付 引 当 金	×××
建 物	×××	その他の固定負債	×××
車 両 運 搬 具	×××		
工具, 器具及び備品	×××	負 債 合 計	×××
土 地	×××	純 資 産 の 部	
		株 主 資 本	×××
無 形 固 定 資 産	×××	資 本 金	×××
借 地 権	×××	資 本 剰 余 金	×××
商 標 権	×××	資 本 準 備 金	×××
ソ フ ト ウ ェ ア	×××	利 益 剰 余 金	×××
その他の無形固定資産	×××	利 益 準 備 金	×××
		その他利益剰余金	×××
投資その他の資産	×××	別 途 積 立 金	×××
投 資 有 価 証 券	×××	繰 越 利 益 剰 余 金	×××
関 係 会 社 株 式	×××	自 己 株 式	×××
長 期 貸 付 金	×××	評価・換算差額等	×××
繰 延 税 金 資 産	×××	その他有価証券評価差額金	×××
事 業 保 険 積 立 金	×××		
そ の 他 の 投 資 等	×××		
貸 倒 引 当 金	×××	純 資 産 合 計	×××
資 産 合 計	×××	負債・純資産合計	×××

（注）　記載金額は，千円未満を切り捨てて表示しております。

と負債の部・純資産の部（貸方）に分けて一覧表に記載したもので，開業時（会社なら成立時）および毎年一回一定の時期（決算期）に，会計帳簿を基礎として作成されるものである。

4　企業会計と商法・会社法・金融商品取引法の規制

　前述のように，商人の会計は一般に公正妥当と認められる会計の慣行に従うものとされている（商19条1項，商則4条2項）。会社の会計も同様である（会社431条，614条）。そのような会計の慣行には，たとえば，企業会計審議会の公表した企業会計原則，企業会計基準委員会が定めた会計基準等がある。

　企業会計に関して，商法（商法総則）は，前述のように，まず，商人一般に対して，商業帳簿の作成義務（商19条2項），10年間の保存義務（同条3項），裁判所の命令に基づく提出義務（同条4項）を課している。

　さらに，会社法は，合名会社および合資会社には，会計帳簿および貸借対照表（会社615条1項，617条1項），合同会社には，会計帳簿，貸借対照表，損益計算書，社員資本等変動計算書，個別注記表（会社615条1項，617条2項，会社計算71条1項2号），株式会社には，会計帳簿，貸借対照表，損益計算書，株主資本等変動計算書，個別注記表およびこれらの附属明細書（会社432条1項，435条2項，会社計算59条1項）の作成を義務付けている。

　株式会社の場合，貸借対照表，損益計算書その他株式会社の財産および損益の状況を示すために必要かつ適当なものとして法務省令で定めるものを計算書類といい（会社435条2項），それに加え，会社の状況に関する重要事項について文章の形式で記載する事業報告も作成しなければならず，この事業報告と附属明細書も含めて，合わせて計算書類等という。

　なお，株式会社の場合，貸借対照表またはその要旨（大会社の場合には，貸借対照表・損益計算書またはその要旨）を公告（決算公告）しなければならない（会社440条1項・2項）。

　さらに，金融商品取引法に基づき，上場会社等に対して，投資家保護等のた

め，（連結）財務諸表等規則が定められている。

5　資産の評価方法

　会計学上の資産評価方法には，原価主義，時価主義，低価主義，時価以下主義がある。

　原価主義とは，他から取得したものについて資産の取得原価または自ら製作したものについて製造原価を基準とするものであり，企業会計における基本原則である。固定資産については減価償却額が控除される。原価主義は，流動資産（原則として1年以内に処分可能な財産）に原則として採用される（商則5条1項本文）。原価主義では，原価（簿価）と時価との差により含み益または含み損が発生する。

　時価主義とは，市場価格（交換価格）を基準とするものであり，売却価格と再調達価格とがある。これは資産の現在価値を正確に示すものであり，時価が原価を上回る場合，評価益を計上することになる。時価主義は，流動資産で，営業年度の末日における時価が取得原価よりも著しく低い場合で，その価格が原価まで回復すると認められない場合に採用される。また，時価主義は，国際会計基準に適ったものであり，金融商品としての債権，社債，株式について採用される（会社計算5条6項2号・3号）。

　低価主義とは，資産の原価と時価とを比べ，低い方の価格を基準とするもので保守堅実的な評価方法であり，ここでは評価益は計上されないが，時価が原価より低い場合には評価損を計上することになる。これは棚卸資産について採用される。

　時価以下主義とは，時価を最高限度とし，原価が時価より高い場合は時価により，時価が原価より高い場合は時価または原価によるとし，便宜的に評価替えを認めるものである。かつて，旧商法34条1項後段にその旨の規定があったが，企業結合会計基準の導入により，評価替えの裁量が縮少したとされている。

第10章　商業使用人

1　商業使用人の意義

　商業使用人は商法総則における人的施設に属する。商業使用人は従業員であるが，単なる従業員ではなく，営業上の代理権（商業代理権）を付与された従業員である。したがって，一般事務員，技術者，作業労働者等は，従業員ではあっても，商業使用人ではない。商人と商業使用人との間には雇用関係と委任関係がある。

　商人は単独でも営業ができるが，営業規模・範囲を拡大しようとすれば，その商人の営業を手助けする補助者が必要となる。

　そこで，企業組織の内部において，特定の商人に従属して，しかも代理の方法で本人（商人）の営業に関する対外的な業務を補助（契約等の履行補助）する者を商業使用人という。

　商法総則は商業使用人が代理によって商人を履行補助する際の取引の安全・円滑を狙いとし，支配人，表見支配人，ある種類または特定の事項の委任を受けた使用人，物品販売等店舗等の使用人について規定を設けている。

2　支配人

　商人（会社）は，支配人を選任し，その営業所（会社の場合は，本店または支店）において営業（事業）を行なわせることができる（商20条，会社10条）。

　支配人とは，商人（会社）に代わってその営業（会社の場合，事業）に関す

る一切の裁判上または裁判外の行為をなす権限（包括的商業代理権＝支配権）を有する商業使用人である（商21条1項，会社11条1項）。

　裁判上の行為とは訴訟行為であり，裁判外の行為とは取引行為等の営業行為および営業のために必要な行為を意味している。

　また，支配人の商業代理権は不可制限的であり，これに制限を加えても，これを善意の第三者に対抗できない（商21条3項，会社11条3項）。

　もちろん，代理権の制限は商人と支配人との間では効力を有するので，支配人がこれに違反すれば解雇・解任事由となり，または損害賠償責任が発生する。ここで善意とは善意無重過失のことである。

　支配人の代理権の「営業に関する行為」とは，営業の目的たる行為のほか，営業のために必要な行為も含み，それに当たるかどうかは，その行為の性質・種類等を勘案して客観的・抽象的に観察して決すべきものであるとし，信用金庫の支店長が自己のために代理権を濫用して自己宛小切手を振り出した行為も「営業に関する行為」であるとした判例がある（最判昭54・5・1判時931・112）。

　商人（会社）が支配人を選任したときは，個人商人の場合，支配人登記簿（商登6条4号）に，会社の場合，会社登記簿（商登44条1項）に登記をしなければならない（商22条，会社918条）。支配人は他の使用人を選任し，または解任することができる（商21条2項，会社11条2項）。支配人は個人商人が死亡しても退任しないが（商506条），会社が解散すれば退任する。

　支配人は一般的義務として，雇用契約に基づく義務（民623条以下）を，また，代理権を有することから委任に基づく善管注意義務（民643条以下）を負っており，さらに営業避止義務および競業避止義務も負っている。

　営業避止義務とは，精力分散を防止する職務専念義務のことであり，具体的には，支配人は，①自ら営業し，②他の商人または会社もしくは外国会社の使用人となり，③会社の取締役，執行役または持分会社の業務を執行する社員となることができない（商23条1項1号・3号・4号，会社12条1項1号・3号・4号）。

　競業避止義務とは，自己または第三者のために，その商人の営業の部類に属

する取引をしてはならない義務を意味する（商23条1項2号，会社12条1項2号）。

　競業避止義務違反となるような競業取引とは，たとえば，支配人が，支配権および商人の機密情報を知りうる立場を背景に，商人の仕入先，得意先・販路等を利用して，商人と営業上競争を行なうことにより，商人の利益を犠牲にして，自ら利得するような行為のことである。

　支配人が営業避止義務や競業避止義務に違反した場合，債務不履行に基づく損害賠償責任，解雇・解任の正当事由（民628条，651条2項）の効果が発生し，また，競業避止義務違反の場合には，支配人または第三者が得た利益の額が，商人に生じた損害の額と推定される（商23条2項，会社12条2項）。

　支配人が商人の営業を商人の名で，代理権の範囲内で，自己または第三者のために行なえば，代理権の濫用となる。

　この場合，従来，改正前民法93条の心裡留保の規定を類推適用して，原則有効としつつ，相手方が悪意（知っていた）・有過失（知ることができたにもかかわらず過失によって知らなかった）の場合は無効とする解釈をしてきた（最判昭51・10・1金判512・33）。

　改正民法107条は，このような代理権濫用行為において，相手方が悪意有過失の場合，その行為を無権代理行為とみなし，商人による追認（民113条）および善意の相手方からの支配人への責任追及（民117条）が認められることとなった。この場合，相手方は重過失のみならず軽過失があっても保護されない。

3　表見支配人

　表見支配人とは，実際は営業に関する一切の包括的代理権を授与された支配人ではないが，支配人であるかのような肩書，名称，つまり，営業所（本店または支店）の営業（事業）の主任者たることを示すべき名称を付した（付された）使用人のことである（商24条，会社13条）。

　支配人ではないにもかかわらず，たとえば，本店の営業本部長とか支店長等の肩書があれば，取引の相手方はその者を支配人であると信頼してしまう場合

もある。そこで，外観を信頼した善意の相手方を保護するため，その者は表見支配人として支配人に準じて，営業に関する一切の裁判外の行為（ただし，裁判上の行為を除く）をする権限を有するものとみなされる。これは権利外観法理または禁反言の原則に基づくものであり，同様の制度に表見代表取締役（会社354条），表見代表執行役（会社421条）がある。

　表見支配人の要件は，①外観の存在（外観），②商人の外観作出上の帰責性（商人の帰責性），③外観への信頼（相手方の信頼）である。

　外観の存在については，実質を備えた営業所の実体があること，主任者たることを示すべき名称には，支店長，支社長，営業所長，本店営業部長，出張所長，店長等があるが，上席者がいることが明らかな支店長代理，支店次長等は，表見支配人には当たらない。

　なお，生命保険相互会社の支社長は表見支配人には当たらないとした判例がある（最判昭37・5・1民集16・5・1031）。

　外観作出上の帰責性は肩書，名称の付与に起因するが，商人の明示または黙示の了解で十分である。ただし，使用人が勝手に支配人であるかのような肩書，名称を用いても，それだけでは，商人に帰責事由は認められない（大阪高判昭57・11・26判時1070・96）。商人がその事実を認識しながら，特別の措置を講じない場合に，黙示の了解となる（東京高判昭40・10・12判タ185・138）。

　外観への信頼は，相手方が取引時点で善意無重過失であればよい（表見代表取締役について，最判昭52・10・14民集31・6・825参照）。なお，その悪意重過失の立証責任は商人にある。

　なお，ここで保護される相手方は取引の直接の相手方に限られるのか，それとも，手形の転得者のような者も含まれるのかが問題である。これについて判例は，相手方は取引の直接の相手方に限られるとしている（最判昭59・3・29判時1135・125）。

4 ある種類または特定の事項の委任を受けた使用人

　商人の営業に関し，ある種類または特定の事項（たとえば，販売，仕入れ，資金の借入れ・貸付け等）の委任を受けた使用人は，当該事項に関する一切の裁判外の行為をする権限を有する（商25条，会社14条1項）。

　これらの使用人の代理権に加えた制限は，善意の第三者に対抗することができない（商25条2項，会社14条2項）。つまり，この使用人の裁判外の代理権は，委任を受けたある種類または特定の事項に限って包括的であるということである。これにより，取引の相手方はある程度安心して取引をすることができる。

　一般には，部長，課長，係長，主任等に，ある種類または特定の事項について委任がなされていれば，このような使用人に当たる。ちなみに，歴史的には平成17年改正前商法43条において規定されていた「番頭・手代」のうち，特に「手代」がそれに当たるといえよう。

　代表権のない取締役貿易部長はそのような商業使用人であるとされ（東京地判昭36・8・7金法286・5），債権の回収事務に関してのみ委任を受けた銀行の本店審査部付調査役は，債務免除の代理権までも付与された商業代理人ではないとされている（最判昭51・6・30判時836・105）。

　ある種類または特定の事項の委任を受けた使用人に該当するための要件について判例は，当該代理権限を主張する者は，当該使用人が営業主からその営業に関するある種類または特定の事項の処理を委任された者であることおよび当該行為が客観的にみて右事項の範囲内に属することを主張立証しなければならないが，右事項につき代理権を授与されたことまで主張立証することを要しないとしている（最判平2・2・22集民159・169）。

5 物品販売等店舗の使用人

　物品の販売，賃貸その他これらに類する行為（販売等）を目的とする店舗の

使用人は，その店舗にある物品の販売等をする権限を有するものとみなされる（商26条，会社15条）。

　店舗の使用人に，店舗の中の販売用物品について販売等代理権があるかどうかは，その代理権が付与されているかどうかにかかっているが，実際にそれがないとなると取引の安全が害されるおそれがあるため，相手方が悪意重過失でない限り，店舗の使用人には販売代理権があるものと擬制している（商26条，会社15条）。

　なお，この権限は，店舗内で販売等の契約がなされることを前提としていると考えられている。

第 11 章　代理商

1　代理商の意義

　代理商とは，特定の商人のために，平常の営業の部類に属する取引の代理または媒介をする者で，その使用人でない者である（商27条，会社16条）。

　取引の代理を継続的に行なう代理商のことを締約代理商といい，取引の媒介を継続的に行なう代理商のことを媒介代理商という。

　代理商は，締約代理商のように，特定の商人のために商行為の代理（商502条12号）という履行補助をするという意味では，商業使用人と共通点があるものの，商業使用人のように企業の内部組織において商人と従属関係にあるのではなく，その企業の外部からその商人を補助する独立の商人（商4条1項）であり，また，媒介代理商のように，代理ではなく媒介（商502条11号）を行なう場合もあるという点で異なっている（商502条11号・12号，4条1項）。また，商業使用人は自然人のみであるが，代理商は法人でもよい。

　代理とは，本人に代わって相手方と法律行為（契約）をし，その法律効果を本人に帰属させる行為である。

　媒介とは，他人同士を引き合わせ，他人間の法律行為（契約）の成立に向けて尽力する行為である。

　商人が代理商に補助をしてもらい，報酬は契約の成立に応じた成功報酬制にすれば，自ら従業員である使用人を抱えるより，営業所の管理・維持費や人件費等の固定費を回避でき，未開拓市場に進出しようとする際には，その市場にすでに精通した知識・販路豊富で信用のある代理商を利用すれば時間，労力を

節約でき，また，撤収の場合も速やかにできる。さらに，代理商は使用人では
ないから，代理商の補助を受ける商人は使用者責任（民715条）を負わなくて
もよいという利点もある。

　代理商には，物品の販売代理店，損害保険代理店，海運代理店，旅行代理店
等がある。

　なお，代理商と似て非なるものに特約店がある。特約店は，商品の供給者で
ある本部から継続的に商品を仕入れ，これを転売する独立の商人であり，特定
の商人である本部から継続的に仕入れは行なうが，その代理または媒介を行
なっているわけではない。

2　代理商と取次商・仲立人との異同

　締約代理商は，相手方と自ら法律行為をする点で，取次商（問屋，運送取扱
人等の準問屋）に類似しているが，締約代理商はあくまでも代理人なので，本
人である商人の名をもって法律行為をし，本人に法律効果を帰属させるのに対
し，取次商は自己の名をもって，他人の計算で法律行為をし，自己に法律効果
を帰属させ，他人に経済効果を帰属させる点で異なっている。

　媒介代理商は，他人間の法律行為の媒介（仲介・斡旋・勧誘等の周旋等，事
実行為）をする点で仲立人と類似しているが，媒介代理商は常にある特定の商
人のために媒介を行なうのに対し，仲立人は常に不特定多数の者（商人に限ら
ない）のために媒介を行なう点で異なる。

3　代理商と本人との関係（内部関係）

　代理商と本人との関係は，代理商契約，すなわち委任（準委任）契約（商行
為の委任または準委任）であるため（民643条，656条，505条，506条），代理商
は本人に対して一般的に，善管注意義務（民644条），受取物引渡義務（商646条）
を負い，費用前払請求権（民649条），費用償還請求権（民650条）を有する。さ

らに，商法上は代理商に次のような権利義務が認められる。

(1) 代理商の報酬請求権

　民法上の委任契約および準委任契約においては，受任者は委任者に対して当然の報酬請求権はないが（民648条1項・2項，648条の2第1項，656条），代理商は商人であるがゆえ，当然に報酬請求権を有する（商512条）。

(2) 代理商の留置権

　代理商は，当事者が別段の意思表示をしない限り，取引の代理または媒介をしたことによって生じた債権（手数料・前払費用等の債権）の弁済期が到来しているときは，その弁済を受けるまでは，商人のために当該代理商が占有する物または有価証券を留置することができる（商31条，会社20条）。これを代理商の留置権という。

　代理商の留置権は，民事留置権（民295条1項）と異なり，代理商と本人との継続的取引関係に基づき，被担保債権と留置物との個別的牽連関係を必要とせず，しかも，破産財団に対して別除権（特別の先取特権）が認められる（破産65条，66条）。

　さらに代理商の留置権は商人間の留置権（商521条）と異なり，留置の目的物が債務者たる本人の所有に属する物または有価証券であることを要せず，本人のために適法に占有する物または有価証券であれば足りる。

(3) 代理商の通知義務

　代理商は取引の代理または媒介をしたときは，遅滞なく，商人に対して，その旨の通知を発しなければならない（商27条，会社16条）。

　本条は，委任者の請求があれば報告し，委任の終了後遅滞なくその経過および結果を報告すべき義務を定める民法645条および民法656条の特別規定である。代理商の場合，本人の請求および委任の終了にかかわらず，通知を発しなければならない点で異なっている。

⑷　代理商の競業避止義務

　代理商は，商人の許可を受けなければ，自己または第三者のためにその商人の営業（事業）の部類に属する取引をすること，その商人の営業（事業）と同種の事業を行なう会社の取締役，執行役または業務を執行する社員となることができない（商28条1項，会社17条1項）。

　代理商は特定商人のために代理または媒介を引き受ける継続的関係により，当該商人の営業秘密を知り得る立場にあるため，それを利用しないよう，このような支配人同様の義務が課されているのである。ただし，代理商は支配人のように営業避止義務までは課せられていない。

　代理商が競業避止義務に違反した場合，代理商または第三者が得た利益の額は，商人に生じた損害額と推定されるため（商28条2項，会社17条2項），代理商の補助を受ける商人にとって立証負担が軽減されている。

4　代理商と第三者との関係（外部関係）

　物品の販売またはその媒介の委託を受けた代理商は，商法526条2項の通知（目的物の種類・品質または数量に関する契約内容不適合についての買主の売主に対する通知）その他売買に関する通知を受ける権限（代理商の通知受領権）を有する（商29条，会社18条）。

　締約代理商については，代理権を有するがゆえに民法99条2項により，すでに通知受領権は認められているが，媒介代理商にはこの代理の規定が適用されないことから，媒介代理商の取引の相手方のための特別規定が置かれているのである。

　代理商の権利は代理商契約によって定められるが，通常，第三者（相手方）は代理商契約の内容を知り得ず，特に媒介代理商は契約の当事者ですらないがゆえに，いずれにしても，第三者を保護するために代理商の権限を明確にするような立法論が望まれている。

5 代理商契約の終了

　代理商関係は委任（準委任）関係である。民法上の委任関係の一般的終了原因には，①委任者または受任者の死亡，②それらの者が破産手続開始の決定を受けたこと，③受任者が後見開始の審判を受けたことがあるが（民653条，656条），代理商契約は商行為の委任による代理権は本人（委任者）の死亡によっては消滅しない（商506条）。

　また，民法上の委任契約は当事者はいつでも解除することができるが（民651条1項），代理商契約の場合，契約期間の定めがない場合，2か月前までに予告しなければ契約を解除できない（商30条1項，会社19条1項）。これは代理商関係の継続性に鑑みてのことである。

　さらに，やむを得ない事由がある場合は，商人および代理商は，いつでもその契約を解除できる（商30条2項，会社19条2項）。

商行為法

第 1 章 商行為法の意義

　商行為は商取引であって，取引には一般に契約のような法律行為もあれば事実行為もある。

　商取引の類型には，絶対的商行為，営業的商行為，附属的商行為があり，条文（商501条～503条）上は，「行為」，「取引」，「請負」，「引受け」と表現がまちまちである。

　たとえば，寄託の引受けは，その引受け自体は寄託契約であり，法律行為であるが，物の保管は事実行為である。また，商人がその営業のために附属的商行為として事務管理を行なった場合，その事務の内容には法律行為もあれば事実行為もある。

　ところで，私人間の権利義務関係を規律する私法には民法と商法があり，商法の一部である商行為法は民法の特別法であり，商行為法は民法を修正した特則となっている。

　それは民法と商法とでは取引に対する世界観が異なっているからである。

　民事行為（民事取引）は，営利性が低く，牧歌的で緩慢であり，取引量は少量で，単発的で，一対一の個別的取引が多く，取引の静的安全がより重視される。

　それに対して商行為は，営利性が高く（営利性），処理は簡潔にスピーディー（簡易・迅速性），取引量は多く（大量性），繰り返し（反復継続性），多くの顧客を相手にする（集団性）傾向が強いため，契約条件は定型的で画一的なものがよく（定型・画一性），より取引の安全・円滑が求められる。

　商行為法における民法の修正はそのような世界観・特徴の差異に着目してのことである。

　しかしながら，現代社会は高速度化し，ビジネス化しているため，「民法の商化」現象も起きている。

　たとえば，2017年の債権法改正とそれに伴う商法改正により，営利性に関して法定利率（改民404条，旧商514条削除）が，迅速性に関して債権消滅時効（改民166条，旧商522条削除）が，民商法において統一された。

　商法典第2編の商行為法は，第1章に総則，第2章に売買，第3章に交互計算，第4章に匿名組合，第5章に仲立営業，第6章に問屋営業，第7章に運送取扱営業，第8章に運送営業，第9章に寄託を定めている。

　商行為法の適用される場面は，①当事者が商人であるか否かを問わず，商行為がなされた場合，②当事者の一方が商人である場合において商行為がなされた場合，③当事者の双方が商人である場合において商行為がなされた場合に分けられる。

　なお，一部の例外を除き，多くの商行為には契約自由の原則が妥当し，その場合は任意法規として当事者の別段の合意があれば，それを優先してよいと考えられている。

第2章　商行為の概念

1　公法人の商行為

　国家や地方公共団体等の公法人が行なう商行為（たとえば，都営の地下鉄・バス事業等の収益事業）については，当該事業に限り，法令に別段の定めがある場合を除き，この法律，つまり商法を適用する（商2条）。よって，公法人の商人性も否定されない。ただし，公法人が行なう収益事業は，実際にはほとんど，公法上の特別法に基づいて運営されている。

2　一方的商行為・双方的商行為

　当事者の一方にとってのみ商行為となり，他方の当事者にとっては商行為とならない場合を一方的商行為という。たとえば，小売業者（商人）と消費者（非商人），銀行（商人）と預金者（非商人）との関係，すなわち，B2C（Business to Consumer）の場合である。このように，当事者の一方にとってしか商行為とはならないにもかかわらず，この法律，つまり，商法がその双方に適用される（商3条1項）。当事者双方に民商法の異なる法律を適用できないからである。

　たとえば，商人ではない信用協同組合が，商人である組合員に貸付けをする場合，借入行為は借入れをした商人である組合員にとっては商行為であるが，貸付けを行った信用協同組合にとっては，信用協同組合が商人ではないので，その貸付けは商行為とはならないものの，商法503条，商法3条1項により，

当事者の双方に旧商法522条（商事短期消滅時効）が適用されるとした判例があった（最判昭48・10・5集民110・165）。

当事者の一方が二人以上ある場合において，たとえ，そのうちの一人にとってしか商行為とはならない場合においても，この法律（商法）が，その全員に一律に適用される（商3条2項）。

次に，たとえば，製造業者（商人）と卸売業者（商人）または卸売業者（商人）と小売業者（商人），銀行（商人）と融資先（商人）との関係，すなわちB2B（Business to Business）の場合のように，双方にとって商行為となる行為を双方的商行為という。この場合も双方に商法が適用されるのはいうまでもない。

3　基本的商行為および補助的商行為

商行為には，絶対的商行為（商501条），営業的商行為（商502条），附属的商行為（商503条）がある。

絶対的商行為と営業的商行為を合わせて基本的商行為という。また，附属的商行為を補助的商行為ともいう。営業的商行為と附属的商行為は，絶対的商行為に対して相対的商行為ともいう。

会社でない個人商人にとって，商行為は法律で限定列挙されており，例示列挙ではないため，規定された行為以外に商行為はありえない。

(1)　絶対的商行為

絶対的商行為（商501条各号）は，以下のように極めて営利性が高く，一回限りの行為でも，しかも，商人でない者の行為でも商行為となるものであり，それは次のように規定されている。

> ①　利益を得て譲渡する意思をもってする動産，不動産もしくは有価証券の有償
> 　　取得またはその取得したものの譲渡を目的とする行為（商501条1号）

　これは，動産，不動産，有価証券を安く購入（仕入れ）し，高く売却（転
売）することによって，利鞘を得ようとする行為であり，投機購買・実行売却
ともいう。この場合，営利意思が，購入時に存在していれば，商行為性の認定
としては足りるとされる。

　投機購買における仕入れは，他人から物品等を譲り受ける承継取得であって
原始取得ではない。よって農林水産業が自然から採取した物品を販売しても商
行為とはならないのである。

　物品を仕入れて右から左へ，そのまま転売するだけでなく，業者自ら原材料
を購入して（自己の計算で）それを加工したり，他の物品を製造したりした後
に売却する行為，たとえば，土を買い入れて瓦を製造販売する営利行為も本号
の商行為に含まれるとする判例がある（大判昭4・9・28民集8・769）。よって，
卸売業者・小売業者だけでなく，自己の計算で行なう製造・加工業者の行為も
絶対的商行為であるといえる。

　ここで不動産には，民法上の不動産（民86条1項）のほかに，特別法により，
立木，工業財団，鉱業財団等が含まれると解され，また，判例には，鉱業権も
不動産に含まれると解するものがあり（大判昭15・3・13民集19・561），これは
実態に即した解釈であろう。

　また，ここで有価証券には，株券，社債券等があるが，株式の引受けについ
ては，それが社員権の取得を目的としていることから，判例はそれを除外して
いる（大判大4・11・20民録21・1887）。しかし，利益を得るための転売を目的
とした株式の引受けもあることは否定できない。

> ②　他人から取得する動産または有価証券の供給およびその履行のためにする
> 　　有償取得を目的とする行為（商501条2号）

　これは，たとえば，相場の下落を予想した者が他人から当該動産または有価証券を借りて，それを高く売っておいて，後に安く買い戻して，それを貸主に返却することによって利鞘を得ようとする行為であり，投機売却・実行購買ともいい，予約販売や先物取引等がこれに該当する。

　なお，これには不動産は含まれないことに注意が必要である。なぜなら，不動産には個性があるため，先に売却しておいて，後に買い戻すことが困難だからである。

③　取引所においてする取引（商501条3号）

　これは，金融商品取引所，商品取引所で行なう取引である。ここで，金融商品取引業者または商品先物取引業者が行なう行為が絶対的商行為となる場合とは，自己の計算で売買（自己売買）をした場合に限られる（商501条1号・2号）。それらの者が顧客の注文を受けて，売買を取り次ぐ場合は，営業的商行為（問屋営業）となることに注意が必要である（商502条11号）。

④　手形その他の商業証券に関する行為（商501条4号）

　ここで「その他の商業証券」とは，広く商行為から生じた債権を表章する証券を意味する。

　この「行為」は，手形・小切手，株券，運送証券，倉庫証券等の有価証券の発行，振出，裏書，保証，引受等をする行為である。ここでは有価証券の売買は含まれない。

　なお，白地小切手の補充権授与行為は，本来の手形行為ではないが，商法501条4号所定の「手形に関する行為」に準ずるものと解してよく，白地小切手の補充権の消滅時効については旧商法522条の「商行為によって生じた債権」の規定を準用するのが相当であるとする判例がある（最判昭36・11・24民集15・10・2536）。

⑵　営業的商行為

　営業的商行為は，営利性が絶対的商行為ほどは高くはないが，営利の目的を
もって，それを反復継続して行なえば商行為となる行為であり，限定列挙され
た行為（商502条各号）がそれにあたる。

　ただし，もっぱら賃金を得る目的で物を製造し，または労務に従事する者の
行為は，営業的商行為ではない（商502条ただし書）。

　営業的商行為は以下のようなサービス業である。

> ①　賃貸する意思をもってする動産もしくは不動産の有償取得もしくは賃借ま
> 　　たはその取得しもしくは賃借したものの賃貸を目的とする行為（商502条1
> 　　号）

　これは，他人に賃貸する目的で動産・不動産を有償取得したり，賃借したり
する行為およびこれらの物を賃貸する行為であり，投機貸借・実行賃貸ともい
う。これには，たとえば，レンタル業，リース業，不動産賃貸業等がある。

> ②　他人のためにする製造または加工に関する行為（商502条2号）

　製造とは材料に手を加えてまったく新しい種類の物に変えることであり，加
工とは物の同一性を失わない程度で材料に変更を加えることである。

　これは，他人のために（他人の計算で），製造・加工を引き受ける行為であ
り，その製造には，紡績業，醸造業，仕立業等があり，その加工には，精米業，
クリーニング業，染色業，修理業等がある。

　なお，前述のように，業者が自己の計算で原材料を仕入れ，これを加工した
り，新たに商品を製造したりする場合は，絶対的商行為に該当する点に注意が
必要である。

> ③　電気またはガスの供給に関する行為（商502条3号）

　これは，電気・ガスの継続的供給を引き受ける行為である。水道や電波等の供給については，ここに含まれていない。特に水道の供給についてそれを営業的商行為に含めなかった立法の経緯は定かでないが，今日においてはそれを含めない積極的な理由は見当たらない。ただし，それらを会社で行えば，商行為（会社5条）となることから，別段，不都合があるわけでもない。

④　運送に関する行為（商502条4号）

　これは，陸上，海上，空中において，旅客または物品の運送を引き受ける行為である。

⑤　作業または労務の請負（商502条5号）

　作業の請負とは，土木建設業，建築業，整地，造船業等，修繕業等，不動産や船舶等の工事の完成を引き受ける行為である。

　労務の請負とは，いわゆる人材派遣事業等，労働者の供給を引き受ける行為である。この人材派遣事業は，職業安定法44条による労働者供給事業の禁止にもかかわらず，昭和60年に制定された「労働者派遣事業の適正な運営の確保及び派遣労働者の保護等に関する法律」（労働者派遣法）およびその改正法に基づいている。

⑥　出版，印刷または撮影に関する行為（商502条6号）

　出版は文書・図画を複製・頒布する行為であり，印刷は文書・図画の複製を引き受ける行為であり，撮影は写真や動画の撮影を引き受ける行為であり，いわば広告を中心とした情報メディア産業と位置付けることができる。

　現代的な情報サービス業としての放送業・電気通信業・興信所や通信者のような通報業はここに規定はないが，それを会社で行なえば商行為となる。

⑦　客の来集を目的とする場屋における取引（商502条 7 号）

　これは，場屋取引ともよばれ，客の来集を目的として，人的・物的施設を利
用させ，何らかのサービスを提供する行為である。旅館（ホテル），飲食店
（レストラン），浴場，娯楽施設（劇場・遊園地）等が場屋に当たる。
　理髪業については，判例はこれを単なる請負または労務の提供に関する契約
ととらえ，場屋取引説を否定している（大判昭12・11・26民集16・1681）。

⑧　両替その他の銀行取引（商502条 8 号）

　これは，両替業のほか，受信行為・与信行為の両方を行なう銀行業に該当す
る。判例によれば，受信業を行なわない貸金業，質屋営業は銀行取引に該当し
ないとしていが（大判昭13・ 2 ・28新聞4246・16，最判昭50・ 6 ・27判時785・
100），自己資金を貸し付ける貸金業を銀行業と区別するのはともかくとして，
それを営業的商行為に含めない合理的理由は見当たらないように思われる。

⑨　保険（商502条 9 号）

　これは，営利保険を引き受ける行為であり，この保険には，相互保険や社会
保険は含まれない。しかし，保険業法によれば，商法504条以下の商行為に関
する規定は相互会社にも準用される（保険業法21条 2 項）。

⑩　寄託の引受け（商502条10号）

　これは，寄託契約（民657条）により，他人のために物の保管を引き受ける
行為であり，倉庫業，駐車場業等がこれに該当する。商人が寄託を引き受ける
と商事寄託となり，無報酬であっても善管注意義務を負わされる（商595条）。

さらに，後述のように，場屋営業者には無過失に加えて「不可抗力」の立証責任が，倉庫営業者には無過失の立証責任が負わされ，責任が加重される。

> ⑪　仲立ちまたは取次ぎに関する行為（商502条11号）

　仲立ちは，他人間の法律行為の成立に向けて尽力するという媒介（事実行為）を引き受けることである。

　特定の商人のために，その特定の商人から平常の営業の部類に属する取引を引き受ける者を媒介代理商というが（商27条，会社16条），不特定多数の他人間の商行為の媒介を引き受ける者を仲立人という（商543条）。

　商法543条における仲立人は商事仲立人のことであり，商行為でない民事行為の媒介を引き受けることを業とする民事仲立人とは区別される。

　たとえば，運送契約や宿泊契約（場屋取引）の媒介を行なう旅行業者，商行為である不動産取引の仲介を行なう不動産取引業者・宅地建物取引業者，保険ブローカー等は商事仲立人であり，結婚仲介業者，商行為でない不動産取引の仲介を行なう宅地建物取引業者は民事仲立人である。

　本条号は，商事仲立人であろうと民事仲立人であろうと，法律行為の媒介を引き受け，それを業として行なうこと自体を営業的商行為であるとしており，その意味で，仲立人はいずれも固有の商人となりうる。

　判例も，宅地建物取引業者は，商法543条にいう「他人間の商行為の媒介」を業とする者ではないから，いわゆる商事仲立人ではなく，民事仲立人であるが，商法502条11号にいう「仲立ちに関する行為」を営業としてする者であるから，商法4条1項の定めるところによる商人であるとしている（最判昭44・6・26民集23・7・1264）。

　さらに，同判例は，宅地建物取引業者は，委託をしていない者のためにする意思をもって本件媒介をしたものではないことを理由に，商法512条に基づく商人の報酬請求権も取得できず，商法550条（商事仲立人の報酬請求権）の規定も適用されないとしている。

　取次ぎは，自己の名をもって他人の計算で法律行為をすることを引き受けることである。ここで，「自己の名をもって」とは，自己に法律効果（権利義務）が帰属することであり，また，「他人の計算で」とは，他人に経済効果が帰属することを意味する。

　取次ぎを業として行なう者を取次商といい，それには，物品の販売または買入れをすることを業とする問屋（商551条），物品の販売または買入れでない行為（広告等）をすることを業とする準問屋（商558条），物品運送の取次ぎをすることを業とする運送取扱人（商559条）がある。

　なお，商法551条の物品には，有価証券も含まれ（最判昭32・5・30民集11・5・854），有価証券の売買契約を取り次ぐ証券会社は典型的な問屋である。

---

⑫　商行為の代理の引受け（商502条12号）

　これは，委託者である本人にとって商行為となる行為の代理を引き受ける行為である。特定の商人のためにその平常の営業の部類に属する取引の代理をする締約代理商（商27条，会社16条）も，この商行為の代理の引受けを行なっている。

---

⑬　信託の引受け（商502条13号）

　信託とは，特定の者（受託者）が，一定の目的に従い，財産の管理または処分およびその他の当該目的の達成のために必要な行為をすべきものとすることであり（信託2条1項），信託の引受けは，その財産の管理または処分等を引き受ける行為である。

(3)　附属的商行為

　附属的商行為は，商人が営業のためにする行為のことであり（商503条1項），商人であることを前提として，そこから導き出されるものである。

　営業のためにする行為とは，営業行為ではなく，営業にとって必要な行為であるが，直接必要でなくともよく，営業を補助するものである。また，この行為には，法律行為だけでなく，準法律行為（事務管理），事実行為も含まれる。

　判例は，開業準備行為も営業のためにする行為であるとし，特定の営業を開始する目的で，その準備行為をなした者は，その行為により営業を開始する意思を実現したもので，これにより商人たる資格を取得すべく，その準備行為もまた商人がその営業のためにする行為として商行為となるとしている（最判昭33・6・19民集12・10・1575）。

　附属的商行為には，たとえば，開業準備行為，営業資金の借入れ，店舗の借入れ・購入，金銭の立替え，商品の運送委託，商品・設備のための保険の付保，広告・宣伝の依頼，得意先への贈与等がある。従業員の雇入れについては争いがないわけではないが，これを肯定する判例（最判昭30・9・29民集9・10・1484）がある。

　さらに，商人の行為はその営業のためにするものと推定される（商503条2項）。これは，商人の行為の附属的商行為性を否定する側に立証責任を転換するものである。

　判例は，商人が労働者と締結する労働契約は，反証のない限り，その営業のためにするものと推定され，賃金債務の遅延損害金の利率は，商行為によって生じた債務に関する商事法定利率（旧商514条）によるべきとしていた（最判昭51・7・9判時819・91）。

4　会社の商行為

　会社がその事業としてする行為およびその事業のためにする行為は商行為とされる（会社5条）。会社の対外的行為は，業務執行社員または代表取締役等が行なうが，それらの者には私生活もあるため，その行為を通じて，会社が事業を行なっているのか，事業のために行なっているのか，またはそうでないのか判然としない場合がある。

　たとえば会社の代表取締役が会社の事業として，または事業のためではなく，情宜に基づいて友人に個人的に金銭の貸付けをした場合，それも会社の商行為となるのかという問題がある。

　判例は，会社の行為は商行為と推定され，これを争う者において当該行為が当該会社の事業のためにするものでないこと，すなわち，当該会社の事業と無関係であることの立証責任を負うと解している（最判平20・2・22民集62・2・576）。

　この判例がそのように解する論拠は，会社法5条により，会社がその事業としてする行為およびその事業のためにする行為は商行為とされているので，会社は自己の名をもって商行為をすることを業とする者として，商法上の商人に該当し（商4条1項），その行為は商法503条2項の適用により，その事業のためにするものと推定されるからというものである。

　この判例は，推定がなされても，反証があれば覆されることから，会社の行為には非商行為もありうるということを認めたことになる。

　個人商人であれば，営業とは別に私生活もありうるが，会社の行為に非商行為といえるものがあるのかどうか疑問がもたれている。たとえば，社会的実在としての会社の寄附等が商行為なのか非商行為なのかといった問題がある。

商行為の通則

商行為の通則は，商行為一般に共通して適用される規定のことである。商行為法の規定に従えば，これらは①当事者の一方または双方が，商人であろうと非商人であろうと関係なく，とにかく商行為一般に適用される場合（商504条，505条，508条，511条1項・2項，515条，516条），②当事者の少なくとも一方が商人である場合に適用される場合（商506条，509条，510条，512条，513条2項），③当事者双方が商人である場合に適用される場合（商513条1項，521条）に分かれる。

しかし，本書では，商行為の性質等によって分類し，以下，それぞれ説明する。

1 商行為の営利性

(1) 報酬請求権

商人がその営業の範囲内において他人のために行為をしたときは，相当な報酬を請求することができる（商512条）。

民法上たとえば，消費貸借，委任，準委任，寄託，事務管理については，特約がない限り，報酬を請求することができない（民587条，648条，656条，665条，701条）。よって，これらの民事行為は，当事者間で別段の合意がない限り，無報酬が原則である。

それに対して，商人による商行為について当然に報酬請求権が認められるのは，商行為の営利性に基づいている。商人が他人のためにする意思で，義務な

く事務管理を行なう場合も報酬請求権があると解されているが（最判昭44・6・26民集23・7・1264），この他人のためにする意思には客観的に認められる必要がある（最判昭50・12・26民集29・11・1890）。

　商行為でない不動産取引の仲介を行なう場合の宅地建物取引業者や結婚仲介業者は，他人間の商行為の媒介を行なう者ではないため商事仲立人ではなく，民事仲立人であるが，商法502条11号にいう「仲立ちに関する行為」を業とする者であるため，商人ではある。

　しかし，不動産の買主からの委託によって売買契約の媒介をした際に，委託を受けていなかった売主に対しては，商法512条に基づく報酬請求権を取得できないとした判例がある（最判昭44・6・26民集23・7・1264）。

　また，宅地建物取引業者（不動産仲介業者）が媒介（仲介）の委託を受けたにもかかわらず，仲介活動の途中，その委託者が仲介を排除して直接，相手方と売買契約を締結した場合において，契約成立時期において，仲介活動と時期を接しているだけでなく，その売買価額が，当該仲介業者と買主とで相談した価額を上回る価額で成立している事情がある場合には，仲介による売買契約の成立を妨げる故意があったものというべきであり，当該仲介業者は報酬を請求することができるとした判例もある（最判昭45・10・22民集24・11・1599）。

⑵　金銭消費貸借の法定利息請求権

　商人間の金銭消費貸借は，別段の合意がなくても，法定利率による法定利息を請求することができる（商513条1項）。条文上，ここでは金銭の消費貸借に限られる。

　それ以外の場合には，消費貸借一般が民法上の典型契約であるため，民法が適用されるが，そこでは，当事者間で別段の合意のない限り，無利息が原則である（民587条）。本規定は商人の行為の営利性に基づくものである。

　この規定は当事者の少なくとも一方が商人であるならば，その商人に報酬請求権を認める商法512条との整合性に問題があるとされている。

(3)　立替金の利息請求権

　商人がその営業の範囲内において他人のために金銭の立替えを行なった場合は，その立替えの日以後の法定利息を請求できる（商513条2項）。

　民法上は，立替えが委任や寄託に基づく場合には，法定利息を請求することができるが（民650条1項，665条），事務管理の場合にはそれを請求することはできないことから（民702条1項），商法513条2項は，立替えが事務管理として行なわれる場合に意義があるとされる。本規定も商人の行為の営利性に基づくものである。

(4)　商事法定利率（旧商法514条削除）

　商行為によって生じた債務に関する商事法定利率は，かつては，年6分とされ（旧商514条），これは年5分とされていた民事法定利率（民404条）の特則であり，商行為の営利性に基づいていた。これらは当事者が利息について別段の合意がない場合の任意規定であった。

　「商行為によって生じた債務」には，非商人による絶対的商行為による債務も含まれると解されるため，旧商法514条は，当事者の一方または双方が商人である必要はないが，実際には当事者の少なくとも一方が商人であることが通常であった。

　この商行為によって生じた債務について判例は，単に債務者にとって商行為たる行為によって生じた債務に限らず，債権者にとって商行為たる行為によって生じた債権も含まれるもの，つまり債権者または債務者のいずれか一方にとっての商行為であればよいと解していた（最判昭30・9・8民集9・10・1222）。

　しかし，2017年改正民法は，利息を生ずべき債権について別段の意思表示がないときは，その利率は年3パーセントとし，その後，3年ごとに，過去5年間の短期貸付市場の平均金利等に連動させることにより，変動制を導入した（民404条）。

これにより，旧商法514条は削除され，以後，法定利率に関して，民法と商法とで平仄が合わせられた。これは，民事法定利率と商事法定利率における従前の1パーセントの差に特別な意義を見い出せないことや，経済実態に即応させることがその趣旨であり，この点に関しては，商行為の営利性は強調されない。

2　商行為の代理と委任

(1)　商事代理

　民法上の民事代理では，代理人がその権限内において，本人のためにすることを示して（顕名）した意思表示は，本人に対して直接にその効力を生じ（民99条1項），代理人が顕名なく意思表示をすれば，代理の効果は生じず，代理人は自己のためにしたものとみなされ，法律効果は相手方と代理人に帰属し，本人には帰属しない（民100条本文）。

　この民事代理の顕名主義は，代理人と取引（法律行為）をする相手方の信頼を保護するためのものである。そのため，民事代理の場合，顕名がなくとも，相手方が，代理人が本人のためにすることを知り，または知ることができたとき（悪意有過失）は，その相手方を保護する必要がないため，相手方と本人には法律効果が帰属する（民100条ただし書）。

　それに対し，商法上の商事代理（本人のために商行為となる行為の代理）では，この民法上の顕名主義が修正され，取引の都度，代理人がいちいち本人の名を顕名しなくても，法律効果は本人に帰属する（商504条本文）。

　これは商事代理の非顕名主義であり，継続的取引関係があるような場合において，相手方も本人を取引の都度確認する手間が省けることから，商取引の簡易・迅速性の要請にかなう。

　ただし，商事代理の場合，顕名がない場合において，相手方が，代理人が本人のためにすること（代理意思）を知らなかったとき（善意無過失）は，代理

人に対して履行の請求をすることを妨げないとされる（商504条ただし書）。

　商法504条ただし書きの趣旨は，商事代理により，法律効果は相手方と本人に帰属しうるが，相手方は代理人との間で法律効果が帰属することを信頼していた場合は，その信頼を保護するため，相手方が，効果の帰属主体として本人か代理人かのいずれかを選択できることを許容したものである（最大判昭43・4・24民集22・4・1043）。そのため，いずれかの法律関係を選択すれば，他方の法律関係が否定されるのは当然である。もっとも，相手方が知らないことに過失がある場合には保護されない。

　商法504条ただし書きにより，相手方がその選択により本人または代理人のいずれかに対して債務を負担することを主張することができる場合において，本人が相手方に対し，債務の履行を求める訴えを提起し，その訴訟係属中に相手方が債権者として代理人を選択したときは，判例によれば，本人の請求は，訴訟が係属している間，代理人の債権につき催告に準じた時効中断の効力を及ぼすものと解されている（最判昭48・10・30民集27・9・1258）。

　商法504条の規定が適用された裁判例には，建設工事を営業の目的とする本件共同企業体は組合であるところ，代表権限を有する会社が共同企業体の事業の執行にあたり第三者と締結する契約について，共同企業体のためにすることを表示しない場合でも，契約の当事者が共同企業体となると判示したものがある（函館地判平12・2・24判時1723・102）。

　この商事代理の非顕名主義の規定は，同じく商行為である手形・小切手行為には適用されない。手形・小切手の場合，記載されたとおりに権利・義務が発生するという文言証券性ゆえにである。

　ところで，商法504条は，商事代理であっても代理人が本人の名を顕名しないことは想定しにくく，たとえ，顕名がなくても，相手方が本人の存在を知っていることが普通であり，その場合，本人が相手方との法律関係を主張および立証すればよいだけのことであるから，その削除論もある。つまり，民法100条ただし書きの運用で十分ではないかという議論である。

⑵　商行為の委任による代理権と本人の死亡

　商行為の委任による代理権は，本人の死亡によっては消滅しない（商506条）。ここで，商行為の委任による代理権とは，商行為を行なうための代理権を指すのではなく，委任行為（授権行為）それ自体が委任者（商人）から見て商行為（附属的商行為）となる代理権のことを意味する。

　この規定により，代理人は商人（本人）の死亡によって，当然にその企業を承継する相続人の代理人となる。

　これは，本人の死亡を代理権の消滅事由とする民法の修正規定である（民111条1項1号）。その趣旨は，商人（本人）の代理人である商業使用人および締約代理商は，企業の人的設備，企業組織の一部と捉えることができ，本人の死亡によって営業活動が中断しないよう，取引の継続性，円滑性および安全性に配慮するためである。

⑶　商行為の委任による受任者の権限

　商行為の受任者は，委任の本旨に反しない範囲内において，委任を受けていない行為をすることもできる（商505条）。民法上も，善管注意義務の「委任の本旨」に従い（民644条），臨機応変に対処しうると解すれば，民法の委任による受任者の権限も同様であるため，商法505条は民法の特則というわけではなく，ただそれを明確化したにすぎないものとされている。

3　商事契約の申込みの効力と契約の成立

　商事契約（商行為となる契約）は，民事契約（民事行為となる契約）と同様に，原則として申込みの意思表示と承諾の意思表示の合致によって成立する点（諾成契約）においては変わりがない（民522条1項）。また，申込みと承諾には時差が生じる場合もあるので，申込みがいつまで効力を有するかによって，契約の成立時点が異なってくる。

　契約の申込みの効力については，対話者間（対面，電話，オンライン会議のように，意思表示がなされると，相手方の意思を直ちに了知できる状況にある関係）か隔地者間（郵便のように，意思表示の伝達に時間がかかり，相手方の意思を直ちには了知できない関係）か，承諾期間の定めがあるかないかによって異なる。

(1)　承諾期間の定めがある場合

　承諾期間を定めてした申込みは（隔地者間であろうと対話者間であろうと），承諾期間内は撤回することができない。ただし，申込者が撤回をする権利を留保したときはこの限りではない（民523条1項）。

　申込者が承諾期間内に承諾の通知を受けなかったときは（到達主義），その申込みはその効力を失う（民523条2頁）。つまり，承諾期間後は原則として申込みは失効し，承諾者から承諾があったとしても契約は成立しない。

　しかし，この場合，申込者は遅延した承諾を新たな申込みとみなすことができ（民524条），それに対して当初の申込者が承諾すれば契約は成立することになる。

　以上のような承諾期間の定めのある申込みの規律は民事契約も商事契約も共通である。

(2)　承諾期間の定めがない場合

　承諾期間を定めないでした申込みは（隔地者間の場合），申込者が承諾の通知を受ける（到達主義）のに相当な期間を経過するまでは撤回することができない。ただし，申込者が撤回する権利を留保したときはこの限りでない（民525条1項）。つまり，相当の期間は申込みが継続しており，その期間内に承諾を受けた場合，原則として契約は成立する。

　しかし，承諾期間を定めないでした申込みは（対話者間の場合），その対話が継続している間はいつでも撤回することができる（民525条2項）。

　そして，承諾期間を定めないで対話者に対してした申込みに対して，対話が

継続している間に申込者が承諾の通知を受けなかったとき（到達主義）は，その申込みはその効力を失う（失効）。ただし，申込者が対話の終了後もその申込みが効力を失わない旨を表示したときはこの限りでない（民525条3項）。

以上のような承諾期間の定めのない申込みの規律は，民事契約も一般の商事契約も共通である。

しかし，商人である隔地者の間（双方が商人である隔地者間）において承諾期間を定めないで契約の申込みを受けた者が，相当の期間に承諾の通知を発しなかったとき（発信主義）は，その申込みはその効力を失う（商508条1項）。

民法上，隔地者間で承諾期間の定めがない場合，申込者が承諾の通知を受けるのに相当な期間を経過するまではその申込みを撤回できず，その効力が維持されるのに対し，商法上は商人である隔地者間で承諾期間の定めがない場合，申込みは相当の期間内に承諾の通知が発せられない限り失効する。これは申込みは撤回するまでもなく，当然失効するということを意味し，商人間の商行為の迅速性に配慮したものであり，商法508条1項は民法525条1項の特則である。

(3)　商人の諾否通知義務

民法上，契約は契約の内容を示してその締結を申し入れる意思表示（申込み）に対して相手方が承諾をしたときに成立する（民522条1項）のであるから，承諾をしない限り，契約が成立することはない。たとえ「返事がなければ承諾したものとみなす」といった予告付きの申込みを受けたとしても同様である。

しかし，商法上，商人が平常取引をする者からその営業の部類に属する契約の申込みを受けたときは，遅滞なく諾否の通知をしなければならず，これを諾否通知義務という（商509条1項）。この場合，商人が諾否の通知を発することを怠ったときは，その商人は契約の申込みを承諾したものとみなされ（商509条2項），契約は成立してしまう。

ここで「平常取引する者」とは，すでに取引関係にあり，それが継続しているような者であり，申込者は法文上，商人とは限らず，非商人でもかまわない。

「営業の部類に属する取引」とは，商人の基本的商行為であるが，附属的商行為も含まれるかが問題である。

本条は商取引の迅速性および継続的取引関係にある商人への相手方の信頼に配慮したものである。

(4) 商人の受領物品保管義務

商人がその営業の部類に属する契約の申込みを受けた場合において，その申込みとともに受け取った物品があるときは，その申込みを拒絶したときであっても，申込者の費用をもってその物品を保管しなければならず，ただし，その物品の価額がその費用を償うのに足りないとき，または商人がその保管によって損害を受けるときは，この限りでない（商510条）。これを商人の受領物品保管義務という。

民法にはこのような規定はなく，その申込みを拒絶した者には，受け取った物品を保管する義務はない。民法上は，売買契約に基づかないで商品を送付するいわゆる送付け商法（ネガティブ・オプション）に対して，物品の受領者は事務管理として，送主の費用で当該物品を返送するか，保管してもよく（民697条），特定商取引法上は，商品の送付について承諾をしない限り，送付された日から2週間または業者に引取りを請求した場合はその日から1週間が経過しても業者が引き取りに来ない場合は処分してもかまわない（特定商取引59条1項）。

商取引ではその迅速性から，申込みと同時に目的物を送付することもまれではないため，この規定は，申込者（必ずしも商人でなくてもよい）の商人（申込みを受けた相手方）に対する信頼を保護し，もって商取引の迅速性，円滑化に配慮したものである。

しかし，平常取引のない申込者から送付された物品を受領した商人にそのような義務を課すことは行き過ぎではないかと思われる。

4 商事債権の担保

(1) 多数債務者間の債務の連帯

　民法上は，別段の意思表示のない限り，各債務者は自らの負担部分の割合に応じて平等に債務を負担するにすぎず（民427条），これを分割債務という。

　しかし，数人の者がその一人または全員のために商行為となる行為によって債務を負担したときは，その債務は各自が連帯して負担しなければならない（商511条1項）。これを商行為における多数債務者間の債務の連帯という。この規定は相手方（債権者）にとっての商行為性は問わない（大判明45・2・29民録18・148）。

　商行為による多数債務者間の債務連帯は，債務者の信用および責任を強化することにより，商行為による債務の履行の確実性を高める趣旨である。

　この規定は，債務者の少なくとも一人の者にとって商行為（附属的商行為も含む）となれば当事者双方（債務者・債権者）に適用があるが，債権者にとってのみ商行為となる場合には適用されない。また，この場合，債権者も債務者も商人であるか否かは問われない。

　判例には，建設工事請負業の共同企業体の構成員が会社である場合，共同体がその事業のために第三者に対して負担した債務につき，共同企業体の各構成員は，商法511条1項により連帯債務を負うとしたものがある（最判平10・4・14民集52・3・813）。

(2) 保証人の連帯

　保証人がある場合において，債務が主たる債務者の商行為によって生じたものであるとき，または保証が商行為であるときは，主たる債務者および保証人が各別の行為によって債務を負担したときであっても，その債務は，各自が連帯して負担しなければならない（商511条2項）。これを商行為における保証人

の連帯という。

「保証が商行為であるとき」とは，判例によれば，保証人にとり商行為であるだけでなく，債権者にとって商行為性を有する場合を包含するとされる（大判昭14・12・27民集18・1681）。

民法上は，特約で連帯保証人にならない限り，保証人には催告の抗弁権（民452条）と検索の抗弁権（民453条）があり，この場合を単純保証という。ただし，連帯保証の合意があれば，保証人にはそれら二つの抗弁権がない（民454条）。保証債務には，主たる債務者が債務を履行しない場合にそれを履行しなければならないという補充性があるが，連帯保証債務にはそれがないからである。

ちなみに，催告の抗弁権とは，保証人が債権者に対して，まず主たる債務者に催告をなすべき旨を請求する権利であり，検索の抗弁権とは，保証人が債権者に対して，主たる債務者に弁済資力があること，その執行が容易であることを証明し，債権者が主たる債務者の財産につき執行をなすまで保証債務の履行を拒む権利である。

また，民法上，保証人が複数いる場合，各保証人は債務の額を保証人の頭数で平等に分割した額についてのみ保証債務を負えばよく，これを分別の利益という（民456条）。連帯保証人にはこの分別の利益が認められない。

商法上は，商行為における保証の場合，取引の安全を保護するため，連帯保証の合意がなくても，保証人は連帯責任を負うことになることから，民法の特則となっている。

ところで，数人の保証人がいる場合，債務が主たる債務者の商行為で生じたとき，または保証自体が商行為であるときは，各保証人が主たる債務者と連帯すると同時に，保証人相互間でも連帯するとされている（大判明44・5・23民録17・320）。

(3) 流質契約の許容

質権とは，債権の担保として債務者または第三者から受け取った物を占有し，かつ，その物について他の債権者に先立って自己の弁済を受ける権利である

（民342条）。

　流質契約とは，質権設定者が，設定行為または債権の弁済期前の契約において，弁済期が到来しても弁済がなされない場合に，質権者に弁済として質物の所有権を取得させ，その他法律に定める方法によらないで質物を処分させることを約する契約のことであるが，民法はこれを禁止している（民349条）。

　これは，債権者が債務者の窮状に付け込んで，質入れを強要し，債務不履行の際に弁済として質物の丸取りをしたり，法律の定めた方法（民事執行法により質物を競売によって換価するか（民執180条，189条，190条〜194条），民法により裁判所に請求して鑑定人の評価によって換価する等（民354条））によらずに質物を処分したりすることによって暴利を貪ることを防止し，立場の弱い債務者を保護する趣旨である。

　しかし，商行為によって生じた債権を担保するために設定された質権の場合，民法349条は適用されず，流質契約が許容される（商515条）。

　商法515条の趣旨として，債務者が商人である場合に着目して，商人であれば利害損得勘定をわきまえており，自衛が可能であり，むしろ，金融の便宜が図られるからという説と，流質契約をすることにより，債権者にとって商事債権の強化を自治的に図れ，それが金融取引の円滑化にも繋がるからとする説がある。

　このように，債務者が商人である点に着目する説は，商法515条の「商行為によって生じた債権」の解釈から出たものであろうが，一方的商行為（商3条1項）により，当事者の少なくとも一方にとって商行為であればよく，必ずしも債務者にとって商行為である必要はないため，現行法の解釈上，本条の趣旨は，商事債権の自治的強化にあると解するのが妥当であろう。

　しかし，債務者にとって商行為でないならばやはり債務者に酷な結果となりかねないことから，商法515条の文言「商行為によって生じた債権」を「債務者にとって商行為となる行為によって生じた債権」と改正すべきであろう。

　なお，質屋の商人性および質屋営業の商行為性は否定されているが，質屋営業法19条1項は，「質屋は，流質期限を経過した時において，その質物の所有

権を取得する」と定め，同条2項において，「質屋は，古物営業法（昭和24年法律第108号）第14条第2項の規定にかかわらず，同法第2条第2項第2号の古物市場において，流質物の売却をすることができる」と定め，流質契約を許容しているため，質屋には民法349条は適用されない。

(4) 商人間の留置権（狭義の商事留置権）

　商人間において，その双方のために商行為となる行為によって生じた債権が弁済期にあるときは，債権者は，その債権の弁済を受けるまで，その債務者との間における商行為によって自己の占有に属した債務者の所有する物または有価証券を留置することができる（商521条本文）。

　これは商人間の留置権（狭義の商事留置権）であり，商人間の継続的取引関係において，担保権設定に伴う煩わしさを避け，取引の迅速化を図る趣旨である。ただし，本条は当事者間の別段の意思表示がある場合，つまり，特約がある場合には排除できる（商521条ただし書）。

　民事留置権は，留置物と被担保債権との間の個別的牽連関係（被担保債権がその留置物に関して生じた債権であること）を必要とする（民295条）。また，民事留置権の場合，債務者の所有物以外に，第三者の所有物も留置することができる。

　これに対し，商人間の留置権は，双方の商人にとって，商行為による債権であればよく，被担保債権と留置物との間の個別的牽連関係までは求めず，「商人間の営業による取引によって生じた債権」と「営業による取引によって債権者が占有する債務者の所有物」との間の一般的な関連性があれば足りる。また，商人間の留置権の場合，債務者の所有物以外に，第三者の所有物を留置することができない。

　商人間の留置権の目的物は，債務者所有の「物または有価証券」であるが，この「物」に不動産が含まれるかについては争いがある。

　不動産が商法521条の「物」に含まれないとした裁判例には，不動産に関しては継続的な取引があるとしても，債権者が債務者の所有不動産を占有するこ

とは通常考え難いこと，商事留置権は動産を対象としたものと考えられることから，不動産は商人間の留置権の対象とはならないとするものがある（東京高決平22・7・26金法1906・75）。

　他方，ここで不動産も「物」に含まれるとした裁判例には，商事留置権の成立する「債務者所有の物」を動産に限定してはいないから，不動産にも商人間の留置権が成立するとしたものがある（東京高決平10・11・27判時1666・141）。

　そして，最高裁は，商法521条には不動産を留置権の目的物から除外する文言はなく，不動産を対象とする商人間の取引が広く行なわれている実情からすると，不動産が同条の留置権の目的物となり得るとし，この問題に決着がついた（最判平29・12・14民集71・10・2184）。

　商法521条において，「自己の占有に属した」について，たとえば，建物建築請負業者が本件建物上棟後，注文者が破産した後，本請負業者が職員に建物を巡回させ，建築土地の周囲に社名入りのトタン塀を巡らせ，その入口に立入禁止の表示をしていた等の場合には，「自己の占有に属した」と評価することができるとした裁判例がある（福岡地判平9・6・11判時1634・147）。

　それに対して，工事の着工からその完成・引渡しまでの間の請負人による土地の利用は，使用貸借契約などの独立の契約関係に基づくものではなく，請負人が工事を完成した建物を注文主に引き渡す義務の履行のために，注文主の占有補助者として土地を使用しているのにすぎないから，「自己の占有に属した」とはいえないとした裁判例もある（東京高決平10・6・12金判1059・36）。

　ところで，商法には商人間の留置権の効力に関する規定がないため，これについては民法が適用され，留置権者はその債権の弁済を受けるまで，その物を留置することができ（民295条1項），また，債権の全部の弁済を受けるまでは，留置物の全部についてその権利を行使することができ（民296条），さらに留置物から生ずる果実を収取し，他の債権者に先立って，これを自己の債権の弁済に充当することができる（民297条1項）。

　この場合の果実は，まず債権の利息に充当し，なお残余があるときは元本に充当しなければならない（民297条2項）。

　ただし，たとえ留置物を競売したとしても（民執195条），その換価金については優先弁済を受けられず，債権者平等の原則に服することになる。

　判例も，留置権による競売は，被担保債権の弁済を受けないまま目的物の留置をいつまでも継続しなければならない負担から留置権者を解放するために認められた手続であって，留置権の本質的な効力を否定する趣旨に出たものではないから，留置権者は競売による換価金を留置することができるとしている（最判平23・12・15民集65・9・3511）。

　破産法上の留置権の取扱いとしては，債務者が破産した場合，民事留置権はその効力を失うが（破産66条3項），商法上の留置権は破産財団に対しては特別の先取特権とみなされることにより（破産66条1項），効力は失われず，その場合，別除権として取り扱われる（破産65条）。

　判例にも，旧破産法93条1項前段（現行破産66条1項）の商法上の留置権は，「特別の先取特権とみなす」という文言は，商事留置権者の有していた留置権能を消滅させる意味ではなく，他に破産宣告（破産手続開始決定）によって右留置権能を消滅させる旨の明文の規定は存在しないから，手形につき商事留置権を有する者は，破産会社に対する破産宣告後においても，破産管財人によるその手形の返還請求を拒絶することができ，手形の占有を適法に継続しうるとするものがある（最判平10・7・14民集52・5・1261）。

　なお，前述のように，商人間の留置権を狭義の商事留置権というが，それとは別に商法には業態別に，代理商（商31条），問屋（商557条），運送取扱人（商562条），運送人（商589条），海上運送人（商741条2項）の特別の商事留置権に関する規定があり，それらは広義の商事留置権という。

　以下，参考までに，特別の商事留置権等について整理しておく。

　なお，倉庫営業者については特別の商事留置権の規定はないが，受寄物に対しては民商法上の一般的な留置権は認められる（民295条1項，商521条）。

【業態別の特別の商事留置権等】

＜代理商の留置権＞

　代理商は，別段の意思表示のない限り，取引の代理または媒介をしたことによって生じた債権の弁済期が到来している場合，その弁済を受けるまでは，本人のために占有する物または有価証券を留置することができる（商31条，会社20条）。代理商の留置権には，被担保債権と留置物の個別的牽連関係は求められないため，代理商の留置権はより強力である。また，代理商の業務の性質上，本人が所有していない物品を本人のために占有したり，その占有を第三者から取得したりすることが少なくないため，代理商の留置権の目的物は，本人のために適法に占有する物または有価証券であれば十分である。

＜問屋の留置権＞

　問屋の留置権には代理商の留置権の規定（商31条）が準用される。

　問屋は，当事者間で別段の意思表示のない限り，委託者との問屋契約に基づく取引によって生じた債権の弁済期が到来している場合，その弁済を受けるまでは，委託者（債務者）のために当該問屋が占有する物または有価証券を留置することができる（商557条，31条）。問屋の留置権には，被担保債権が委託者のために物品の販売または質入れをなしたことにより生じたものであることは必要であるが，被担保債権と留置物との間の個別的牽連関係，委託者が商人であること，留置の目的物が商行為により問屋の占有に帰したことまでは求められておらず，委託者所有の物または有価証券であること，委託者のために占有するものであれば十分である。そのため，問屋の留置権は代理商の留置権と同様に，より強力である。

＜運送取扱人の留置権＞

　運送取扱人は，運送品に関して受け取るべき報酬，付随の費用および運送賃その他の立替金について留置権が認められる（商562条）。しかし，報酬を請求できるのは運送品を運送人に引き渡した後であることから（商561条1項），実際上，運送品の処分権行使（商580条）によって，運送人を通じて間接的にこの権利を行使できるにすぎない。被担保債権と留置物との間の個別的牽連関係は求められる。これは，委託者と荷受人が同一人でない場合に，荷受人を保護するためである。運送取扱人が留置権を行使する場合，運送品を直接占有していないことが多いため，運送人に対して運送品の処分権を行使することによってなされる（商580条）。

＜運送人の留置権＞

　運送人は，運送品に対して受け取るべき運送賃，付随の費用および立替金についてのみ，運送品を留置することができる（商574条）。運送人の留置権には，被担保債権と留置物との間に個別的牽連関係が求められるが，留置物が債務者の所有物であることまでは求められない。運送人の留置権も，商事留置権として，破産の場合に特別の先取特権とみなされ（破産66条1項），別除権が認められる（破産65条2項）。なお，旅客運送人は，託送手荷物がある場合，手荷物の運送賃のみならず，旅客の運送賃についても，手荷物の上に留置権を有し（民295条），運輸の先取特権も認められる（民311条3号，318条）。

＜倉庫営業者の留置権＞

　倉庫営業者には，特別の商事留置権は認められていない。しかし，保管料や費用償還請求権等につき，受寄物に対し民商法上の留置権（商521条，民295条1項）については認められる。

＜海上運送人の留置権＞

　海上運送人は，運送賃，付随の費用および立替金の額，運送品の価格に応じて支払われるべき救助料の額および共同海損の分担額と引換えでなければ，運送品を引き渡さなくてもよく，運送品の留置権が認められている（商741条2項）。船舶所有者等の留置権には，被担保債権と留置物との間の個別的牽連関係が求められる。

5　商事債権の消滅時効（旧商法522条削除）

　2017年商法改正前は，商行為によって生じた債権は，他の法律に別段の定めがある場合を除き，原則として5年で時効により消滅し，ただし，他の法令に5年間より短い時効期間の定めがあるときは，その定めるところによるとされていた（旧商522条）。

　それに対し，2017年改正前民法は一般債権の消滅時効を10年としていた（旧民167条1項）。

　民法と比べて，商行為によって生じた債権の消滅時効が短いのは，企業取引の迅速性を考慮してのことであった。

【旧法下の判例の状況】

　以下，商事債権と民事債権を比較した判例上の解釈は，歴史的価値があると思われることからここに記しておきたい。

　ここで，「商行為によって生じた債権」とは，判例上，当事者のいずれか一方にとって商行為であればよいとされ（大判明44・3・24民録17・159），また，旧商法522条は，債権者のために商行為である行為によって生じた債権だけでなく，債務者のために商行為である行為によって生じた債権についても適用された（大判大4・2・8民録21・75）。

　商事債権の消滅時効に関して，商行為性を認めた判例には，次のようなものがあった。

　主たる債務が民事債務であっても，保証債務が商行為によって生じた債務である場合，前者は10年，後者は5年の消滅時効にかかる（大判昭13・4・8民集17・664）。

　保証人自身は商人でなくても，商人である主債務者の委託に基づいて保証人となった場合，その保証委託行為が主債務者の営業のためにするものと推定され，保証人が主債務者に代わって弁済したことによって発生した求償権にも，商法522条の適用がある（最判昭42・10・6民集21・8・2051）。

　債務者が債務を履行しなかったことにより債権者が有する損害賠償請求権は，債権の効力にほかならず，本来の債権が変更したにとどまり，別個の債権をなすものではないから，本来の債権が商行為によって生じたものであれば，損害賠償請求権も商行為によって生じたものである（大判明41・1・21民録14・13）。

　商行為の解除権も商行為によって生じた債権と同視され，5年の時効で消滅する（大判大5・5・10民録22・936）。

　商事契約の解除による原状回復は商事債務であり，その履行不能による賠償義務も商事債務である（最判昭35・11・1民集14・13・2781）。

　銀行等が株式払込取扱委託契約に基づいて真正に払い込まれた払込金を会社に返還する債務は商行為によって生じた債務であるから，会社法64条2項（払込金保管証明）に基づく銀行等の債務も，商行為によって生じた債務である（最判昭39・5・26民集18・4・635）。

　次に，商事債権の消滅時効に関して，商行為性を否定した判例には，次のようなものがあった。

　利息制限法所定の制限を超えて支払われた利息・損害金についての不当利得返還請求権は，法律の規定によって発生する債権であり，また，商事取引関係の迅速な解決のため短期消滅時効を定めた立法趣旨からみて，商行為によって生じた債権に準ずるものと解することもできないから，その

消滅時効期間は10年である（最判昭55・1・24民集34・1・61）。

　商行為たる保険契約およびその保険金請求権上の質権設定契約に基づい
て保険者から質権者に支払われた保険金が，法定の免責事由があるため法
律上の原因を欠く場合の不当利得返還請求権も，商行為から生じた債権に
準ずるものではない（最判平3・4・26判時1389・145）。

　会社法423条1項に基づく会社の取締役に対する損害賠償請求権の消滅
時効期間は，旧商法522条所定の5年ではなく，旧民法167条1項による10
年である（最判平20・1・28民集62・1・128）。

　ところで，2017年改正民法は，民事一般債権につき，債権者が権利を行使す
ることを知った時（主観的起算点）から5年間行使しないとき，権利を行使す
ることができる時（客観的起算点）から10年間行使しないとき，時効によって
消滅すると規定し（民166条1項），これによって旧商法522条は削除された。民
法と商法の時効期間の差異を合理的に説明することが困難になってきていたか
らである。

　今回，改正前民法170条ないし174条の職業別の短期消滅時効に関する規定も
すべて削除され，民法改正後は債権の消滅時効について民事も商事も平仄が合
わされた。

　また，債権の消滅時効に関連して，民法改正前は，消滅時効には「中断」と
「停止」があり，中断は一定の事由が発生した場合，すでに経過した時効期間
をリセットして，時効期間の時間を初めから再度進行させるものであり，停止
は時効完成の直前に，権利者の時効中断を不可能または著しく困難にする事情
が生じた場合に，その事情が解消された後一定期間が経過する時点まで時効の
完成を延期するものであった。

　2017年改正民法では，中断が「更新」に，停止が「完成猶予」に用語の変更
がさなれた（民147条〜161条参照）。

6　商事債務の履行場所

　商法では，商行為によって生じた債務の履行をすべき場所がその行為の性質または当事者の意思表示によって定まらないときは，特定物の引渡しはその行為の時にその物が存在した場所において，その他の債務の履行は債権者の現在の営業所（営業所がない場合にあっては，その住所）において，それぞれしなければならないとされる（商516条1項）。

　ここで「特定物」とは取引の対象が個性に着目されているものであり，単に種類，数量，品質等に着目され，個性に着目されない不特定物とは区別される。

　また，「行為の時に」とは，商事契約等の法律行為時を指す。よって，特定物の引渡しという商事債務の履行場所は法律行為時にその物が存在した場所ですればよい。

　「その他の債務の履行」とは不特定物の引渡しや代金の支払い等の債務の弁済を意味する。この債務の履行場所は債権者の現在の営業所ないし住所でしなければならないため，この債務は持参債務である。

　民法では，弁済をすべき場所について別段の意思表示がないときは，特定物の引渡しは債権発生の時にその物が存在した場所において，その他の弁済は債権者の現在の住所において，それぞれしなければならないとされる（民484条1項）。

　ここで「債権発生の時に」とは，法律効果の発生時を意味する。通常は法律行為時と法律効果の発生時は同時であるが，停止条件付契約または始期付契約のように法律行為時と債権発生時がずれる場合がある。債務の履行場所における民法と商法の違いはこの点にある。その他の弁済については同様に，持参債務であり，営業所か住所かについては実質的な差異はない。

　なお，2017年改正前商法において，指図債権および無記名債権の弁済は，債務者の現在の営業所（営業所がない場合にあっては，その住所）においてしなければならないとされていた（旧商516条2項）。転々流通が想定されている指

図債権や無記名債権は，債務者にとって債権者の所在が不明であることが少なくないため，債務者の便宜のため，持参債務ではなく，債権者に取り立てさせる取立債務となっていた。

この規定は2017年改正民法に規定し直され（民520条の 8 ，520条の18，520条の20），商法516条 2 項は削除された。その際，民法では指図債権が指図証券に，無記名債権は無記名証券に文言の変更がなされ，また新たに記名式所持人払証券の文言が加えられた。

7　商事債務の履行請求（取引）時間

法令または慣習により商人の取引時間の定めがあるときは，その取引時間内に限り，債務の履行をし，またはその履行の請求をすることができる（旧商520条）とされていた。

ただし，取引時間外になされた弁済の提供であっても，債権者が任意に弁済を受領し，それが弁済期日内であれば，債務者は遅滞の責めを負わないとする判例がある（最判昭35・5・6民集14・7・1136）。

民法上は旧商法520条に相当する規定はなかったが，債務の履行時間については商行為に限らず，幅広く民事取引一般にも妥当していたことから，2017年改正民法は，法令または慣習により取引時間の定めがあるときは，その取引時間内に限り，弁済をし，または弁済の請求をすることができると定め（民484条 2 項），商法520条を一般化して取り込み，商法520条は削除された。これも民法の商化である。

8　寄託を受けた商人の善管注意義務（商事寄託）

寄託契約とは当事者の一方がある物を保管することを相手方に委託し，相手方がこれを承諾することによって，その効力を生ずるものである（民657条）。

民法上は無報酬で寄託を受けた者は，自己の財産に対するのと同一の注意を

もって，寄託物を保管する義務を負うとされている（民659条）。

　ちなみに民法上，受寄者は有償の場合にのみ，「債権の目的物が特定物の引渡しであるときは，債務者は，その引渡しをするまで，善良な管理者の注意をもって，その物を保存しなければならない」とする特定物の引渡しの場合の注意義務に関する規定が適用され，善管注意義務を負う（民400条）。

　しかし，商人がその営業の範囲内において寄託を受けたときは，報酬を受けない場合でも善管注意義務を負う（商593条）。

　商人の信用を維持するための商法593条は民法の特則であり，一般の商人が寄託を受ける場合に適用される規定であるが，営業の性質上，寄託を受けることが多い業態である運送営業，運送取扱営業，場屋営業，倉庫営業については，後述のように，特別の規定が置かれている。

第 4 章 有価証券

1　有価証券の意義

　有価証券とは，財産的価値のある私権（財産権）が表章・化体された証券（紙片）であり，権利の発生・移転・行使の全部または一部において証券を必要とするものと解されている。借用書は権利の内容に関する証拠証券にすぎず，また，通貨，切手，印紙，金券等は価値そのものであるとされ，いずれも有価証券ではない。

　有価証券には，たとえば，会社法関係では株券，新株予約権証券，社債券，新株予約権付社債券等，商行為法関係では倉荷証券，海商法関係では，船荷証券，手形・小切手法関係では手形（約束手形・為替手形）や小切手がある。手形・小切手については，権利の発生・移転・行使のすべての場面において証券を必要とするという意味で，完全有価証券と呼ばれている。なお，金融商品取引法上は，証券がなくても有価証券とみなされる場合（みなし有価証券）がある。

　有価証券上の権利は証券によってさまざまであるが，有価証券には次のようなものがある。たとえば，株券は剰余金の配当請求権，残余財産分配請求権，株主総会における議決権などの株主権（社員権）を，新株予約権証券は権利者が会社に発行新株または自己株式の交付を請求する権利を，社債券は社債権（利息と元本を償還する権利）を，新株予約権付社債券は新株予約権と社債権を，貨物引換証は陸上運送における運送品受取りの認証と運送品引渡請求権を，船荷証券は海上運送における運送品受取りの認証と運送品引渡請求権を，倉荷

証券は倉庫営業者に対する目的物返還請求権を，手形・小切手は手形金・小切手金の支払請求権等を表章した有価証券である。

　債権を移転（譲渡）する場合，民法の一般原則では，譲渡の効力発生要件は当事者間の意思表示の合致，つまり合意だけでよく債務者の承諾は不要である（民466条）。そして第三者に対する対抗要件は債務者に対する通知または債務者の承諾である（民467条）。

　それと比較して，権利と証券が結合した有価証券の最大の機能は，紙片である証券を交付することにより，簡便に権利を移転させることができる技術にあり，これによって流通の円滑・促進が図られてきた。

　しかし，今日，ペーパーレス化とIT化により，有価証券の電子化のための法整備がなされてきており，証券それ自体の意義は薄れてきている。たとえば，金融商品取引法上は電子化された有価証券を「みなし有価証券」として，株式や社債の振替制度を設けている。また，手形・小切手についても，いわゆる電子手形（平成20年12月に施行された電子記録債権法に基づく）が普及しつつある。

2　有価証券の性質

　有価証券は，①権利者の指定に関連して，記名証券（記名式所持人払証券・それ以外の記名証券）か指図証券か無記名証券か，②証券の効力が証券発行の原因となった原因関係に影響を受けるかにより有因（要因）か無因か，③証券上の権利が証券の発行（および交付）することによって初めて発生するかにより設権証券か非設権証券か，④証券上の権利の内容が証券の記載文言によって定まるかにより文言証券か非文言証券か，⑤権利を行使するのに証券を提示する必要があるかにより提示証券か非提示証券か（改正民法では従来の「呈示」を「提示」と表記），⑥証券と引換でなければ証券上の債務を履行しなくてもよいかにより受戻証券か非受戻証券か，⑦法令等で定められた記載事項の記載がなければ証券が無効となるかどうかにより要式証券か非要式証券か，に分か

れる。

3　2017年民法改正と有価証券

　2017年改正民法では，「有価証券」に関する一般規定が盛り込まれ（民520条
の 2 ～520条の18），旧民法86条 3 項，363条，365条，469条～475条が削除され，
同時に商法516条 2 項，517条～519条が削除された。有価証券の一般規定が商
法中にあることが問題視されていたからである。

　そして，従来，証券的債権とされていたものを，改正民法は，指図証券，記
名式所持人払証券（債権者を指名する記載がされている証券であって，その所
持人に弁済をすべき旨が付記されているもの），その他の記名証券，無記名証
券として用語を整理した。

　とりわけ，無記名債権は動産とみなすとしていた規定（旧民86条 3 項）は，
削除され，改正後は，無記名証券には，記名式所持人払証券の規定が準用され
た（民520条の20）。

　ところで，指図証券とは，債権者が第三者を新たに債権者と指図（指定）す
ることにより，第三者に譲渡できる債権である。手形は法律上当然の指図証券
である（手形11条 1 項参照）。

　一般に債権譲渡の効力発生要件は意思表示であり，対抗要件として債務者へ
の通知または債務者の承諾であるが（民467条），指図証券の場合，それが不要
であり，その譲渡・質入れの効力発生要件は裏書と証券の交付であり（民520
条の 2 ，520条の 7 ），それをもって対抗要件も具備される。指図証券の所持人
には権利の推定（民520条の 4 ，520条の 7 ），善意取得（民520条の 5 本文，520条
の 7 ），抗弁の制限（民520条の 6 ，520条の 7 ）が認められる。

　指図によって転々流通する指図証券は，債務者にとって現時点での債権者が
誰であるか不明であるため，当該債権は債権者の側から債務者の営業所または
住所において弁済させるべく取り立てることになる。これを取立債務という。
ちなみに，民法の原則は，債権者の住所で弁済すべき持参債務である（民484

条）。

　記名証券とは，特定の債権者の氏名が証券上，記載されている証券であり，それには記名式所持人払証券とその他の記名証券がある。

　記名式所持人払証券は，証券上，特定の権利者が記載されている有価証券であって，その所持人に弁済すべき旨が付記されているものである。その譲渡・質入れの効力発生要件は証券の交付であり（民520条の13，520条の17），債務者への通知または債務者の承諾は不要である。記名式所持人払証券の所持人には権利の推定（民520条の14，520条の17，520条の20），善意取得（民520条の15，520条の17，520条の20），抗弁の制限（民520条の16，520条の17，520条の20）が認められる。また，その権利の行使には証券の提示が必要である。

　その他の記名証券とは，記名式所持人払証券以外の記名証券であり，債権の譲渡またはこれを目的とする質権の設定に関する方式に従い，かつ，その効力をもってのみ，譲渡し，または質権の目的とすることができる証券である（民520条の19第1項）。要するにこれは，裏書禁止手形の規定（手形11条2項）を参考にしたような規定であり，その譲渡または質入れの効力発生要件は意思表示と証券の交付であり（民520条の19第1項），それを譲渡すれば債権譲渡または質入れの効力だけが生じ，当該証券の所持人には権利の推定，善意取得，抗弁の制限は認められない。

　無記名証券とは，特定の債権者の氏名が証券上，記載されていない証券であり，その証券の所持人（持参人）が権利を行使でき（持参人払証券），その譲渡の効力発生要件は証券の交付であり（民520条の20，520条の13），債務者への通知・承諾は不要である。たとえば，持参人払式小切手（小切手5条1項3号）は無記名証券である。無記名証券には記名式所持人払証券の規定が準用されるため，当該証券の所持人には権利の推定，善意取得，抗弁の制限が認められる。

　なお，個別の有価証券は特別法に各別の規定があるが，これらの有価証券の定義については統一的な規定は存在せず，根拠法のない有価証券もあったり，根拠法があっても特別な定めのない事項があったりするので，このような場合は一般法としての民法の当該規定が適用される。

　2017年民法改正により商法上の有価証券は商法上の特別規定を除き，民法上の有価証券規定で規整され，これも民法の商化といえる。

4　有価証券の譲渡・質入方法および善意取得

　2017年民商法改正前は金銭その他の物または有価証券の給付を目的とする有価証券の譲渡については，当該有価証券の性質に応じ，手形法12条（裏書の要件），13条（裏書の方式）および14条2項（裏書が白地式の場合）または小切手法5条2項（受取人記載欄における「または持参人に」の文字の記載がある場合）および19条（小切手の裏書の資格授与的効力）の規定が準用され（旧商519条1項），金銭その他の物または有価証券の給付を目的とする有価証券の取得については，小切手法21条の規定（小切手の善意取得）が準用されていた（旧商519条2項）。

　記名証券は債権者が券面上特定されている証券であり，記名証券の譲渡には交付が必要であり，また，対抗要件として民法の指名債権譲渡（民467条）の方法による必要があった。記名証券には，善意取得，人的抗弁の制限，担保的効力が認められていなかった。

　指図証券は，最初の権利者は指定されているが，裏書・交付により譲渡できる証券であり，裏書には，善意取得，人的抗弁の制限，担保的効力が認められる。ちなみに，民法改正前は，ここで裏書・交付は有価証券の譲渡の効力発生要件であるのに対し，民法上の指図債権の裏書・交付は対抗要件にすぎなかった（旧民469条）。

　無記名証券は，券面上に特定の権利者が指定されておらず，その譲渡には裏書が不要であり，交付だけで十分であり，債務者は証券の所持人（持参人）に弁済すればよい証券であった。無記名証券も，善意取得，人的抗弁の制限の効力が認められていた。

　2017年民法改正後は，有価証券に関する規定は，民法上の有価証券であろうと，商法上の有価証券であろうと，次のように統一された。

　すなわち，証券譲渡の効力発生要件については，指図証券の場合，その証券に譲渡の裏書をして譲受人に交付しなければ，その効力を生じない（民520条の2）。この規定は，「指図債権の譲渡は，その証書に譲渡の裏書をして譲受人に交付しなければ，債務者その他の第三者に対抗することができない」とする規定（旧民469条）の特則となり，旧商法519条1項が削除された。

　記名式所持人払証券の場合，その譲渡はその証券を交付しなければ，その効力を生じないこととなった（民520条の13）。この場合，その交付は対抗要件でもあるとされる。

　その他の記名証券の場合，すなわち，債権者を指名する記載がされている証券であって指図証券および記名式所持人払証券以外のもの（裏書による譲渡が認められていないもの）は，債権の譲渡またはこれを目的とする質権の設定に関する方式に従い，かつその効力をもってのみ譲渡し，または質権の目的とすることができる（民520条の19第1項）。

　無記名証券の場合，記名式所持人払証券に関する規定が準用される（民520条の20）。

　証券を譲渡する場合の裏書の方式については，これは指図証券の場合に限られるが，民法520条の3が，削除された旧商法519条1項を取り入れて，それを一般化した。

　証券所持人の権利の推定については，指図証券の場合，削除された旧商法519条1項が準用していた小切手法16条1項の規定（為替手形の占有者が裏書の連続によりその権利を証明するときは，これを適法の所持人とみなすとするもの）を民法520条の4に取り入れて，それを一般化した。これを裏書の資格授与的効力という。

　裏書の連続とは，当該証券の受取人が証券の裏面に裏書人として署名し，被裏書人として受け取る者の名称を記入し，その被裏書人から最終の被裏書人まで各裏書人の署名および各被裏書人の名称の記入が連続していることを意味する。

　記名式所持人払証券の場合，民法520条の14がそれを規定した。その他の記

名証券の場合，そもそも裏書による譲渡が認められていない。無記名証券の場合，記名式所持人払証券に関する規定が準用される（民520条の20）。

　ところで，小切手法21条の規定は善意取得に関するものであり，その規定が準用される有価証券は，事由の何たるを問わず，有価証券の占有を失った者がある場合において，その有価証券を取得した所持人は，悪意・重過失がない限り，証券を返還する義務を負わず，証券上の権利を原始取得できるというものである。これを有価証券の善意取得という。

　証券の善意取得については，指図証券の場合，削除された旧商法519条2項が準用していた小切手法21条の規定（小切手の占有を失った者がある場合において，その小切手を取得した所持人は小切手が持参人払式のものであるか，裏書の連続により権利を証明した場合，悪意無重過失でなければ返還義務を負わないとするもの）を民法520条の5に取り入れて，それを一般化した。記名式所持人払証券の場合，民法520条の15がそれを規定した。その他の記名証券の場合，善意取得は認められていない。無記名証券の場合，記名式所持人払証券に関する規定が準用される（民520条の20）。

　証券の譲渡における債務者の抗弁の制限については，指図証券の場合，民法520条の6が，削除された旧民法472条（指図債権の債務者は，その証書に記載した事項およびその証書の性質から当然に生ずる結果を除き，その指図債権の譲渡前の債権者に対抗することができた事由をもって善意の譲受人に対抗することができないとする規定）を承継した。民法520条の6は，債務者は対抗要件具備時までに譲受人に対して生じた事由をもって譲受人に対抗することができると規定する民法468条1項の特則である。記名式所持人払証券の場合，民法520条の16がそれを規定した。その他の記名証券の場合，抗弁の制限が認められていない。無記名証券の場合，記名式所持人払証券に関する規定が準用される（民520条の20）。

　証券の質入れについては，指図証券の場合，民法520条の7が民法520条の2〜520条の6の規定を準用する。記名式所持人払証券の場合，民法520条の17がそれを規定し，民法520条の13〜520条の16を準用する。その他の記名証券の場

合，通常の債権の質入れに関する方式に従い，かつその効力をもってのみ質権
の目的とすることができる（民520条の19第 1 項）。無記名証券の場合，記名式
所持人払証券に関する規定が準用される（民520条の20）。

5　有価証券の権利行使と債務の履行場所

　2017年民商法改正前は，指図債権および無記名債権の弁済は，債務者の現在
の営業所（営業所がない場合にあっては，その住所）においてしなければなら
ないとされていた（旧商516条 2 項）。

　商行為によって生じた債務の履行場所は，特定物の引渡しを除いて原則とし
て債権者の営業所または住所であるが（持参債務），指図証券および無記名証
券は流通性が高く，また，その譲渡に債務者への通知や債務者の承諾も不要で
あることから（民467条参照），債務者にとって債権者を探すことは容易ではな
いため，旧商法516条 2 項の規定は，債権者の方から債務者に，証券の提示と
取立てをさせていた（取立債務）。

　2017年民法改正後は，旧商法516条 2 項が削除され，指図証券の弁済は，債
務者の現在の住所においてしなければならず（民520条の 8 ），また，この規定
は，指図証券だけでなく，記名式所持人払証券にも，無記名証券にも準用され
ることとなった（民520条の18，520条の20）。

　なお，指図証券，記名式所持人払証券および無記名証券の債務者はその証券
の所持人ならびにその署名および押印の真偽を調査する権利を有するが，その
義務は負わない。ただし，債務者に悪意または重過失があるときはその弁済は
無効とされる（民520条の10，520条の18，520条の20）。

6　有価証券の権利行使と債務の履行遅滞の時期

　2017年商法改正前は，指図債権または無記名債権の債務者は，その債務の履
行について期限の定めがあるときであっても，その期限が到来した後に，所持

人がその証券を提示して履行の請求をしたときから履行遅滞の責任を負うものとしていた（旧商517条）。

　また，2017年改正前民法上は，債務の履行について債務者は，確定期限がある場合は，その期限が到来したときから（民412条1項，改正なし），不確定期限がある場合は，債務者が期限の到来を知ったときから履行遅滞に陥るとされていた（旧民412条2項）。

　2017年民法改正後は，旧商法517条（指図証券または無記名債権の債務者は，履行期限到来後の証券提示後に遅滞に陥る旨の規定）が削除され，それを取り込んで一般化した規定，すなわち，指図証券の債務者は，その債務の履行について期限の定めがあるときであっても，その期限が到来した後に所持人がその証券を提示して，その履行の請求をした時から遅滞の責任を負うと規定され（民520条の9），また，この規定は，指図証券だけでなく記名式所持人払証券にも，無記名証券にも準用されることとなった（民520条の18，520条の20）。この民法520条の9は，民法412条1項の特則である。その他の記名証券については民法412条が適用される。

7　有価証券喪失の場合の権利行使

　指図証券を喪失した場合，非訟事件手続法100条に規定する公示催告手続によって無効とすることができる（民520条の11）。公示催告手続とは，権利を喪失した者に対して権利の届け出をするよう裁判所が公示（掲示かつ官報への掲載等による）によって催告し，2か月以上の期間に届け出がない場合に，裁判所の除権決定によって失権させる手続である。これは記名式所持人払証券，その他の記名証券，無記名証券を喪失した場合も同様である（民520条の18，520条の19第2項，520条の20）。

　ところで，2017年商法改正前は，金銭その他の物または有価証券の給付を目的とする有価証券の所持人がその有価証券を喪失した場合において，非訟事件手続法114条に規定する公示催告の申立てをしたときは，その債務者にその債

務の目的物を供託させ，または相当の担保を供してその有価証券の趣旨に従い履行をさせることができるとされていた（旧商518条）。

　これは，有価証券を喪失した場合，公示催告の申立てをし，除権決定による有価証券の無効の宣言を受ければ（非訟114条～118条），申立人は証券の再発行を受け，権利を行使することができるが，公示催告の手続には少なくとも2か月を要し，時間がかかるため，その間の権利者の保護としては十分ではないことから，本規定は，公示催告の申立てさえしておけば，除権決定を受けなくても権利行使をすることができることを認めたものであった。

　2017年民法改正後は，旧商法518条が削除され，金銭その他の物または有価証券の給付を目的とする指図証券の所持人がその指図証券を喪失した場合において，非訟事件手続法114条に規定する公示催告の申立てをしたときは，その債務者にその債務の目的物を供託させ，または相当の担保を供してその指図証券の趣旨に従い履行をさせることができると規定され（民520条の12），また，この規定は指図証券だけでなく記名式所持人払証券にも，その他の記名証券にも，無記名証券にも準用される（民520条の18，520条の19第2項，520条の20）。

第5章 商事売買

1 商事売買の意義

　売買契約とは民法上，当事者の一方がある財産権を相手方に移転することを約し，相手方がこれに対してその代金を支払うことを約することによってその効力を生ずるものである（民555条）。

　つまり，民法上の売買契約の効果として売主には代金支払請求権・目的物の引渡義務が，買主には目的物の引渡請求権・代金支払義務が発生する。

　そして，民法上，債務者が任意に債務の履行をしないときは債権者は履行の強制（履行強制）を裁判所に請求でき（民414条），債務者が債務の本旨に従った履行をしないか（履行遅滞・不完全履行），履行不能であるとき（履行不能）は，その債務不履行が契約その他の債務の発生原因および取引上の社会通念に照らして債務者の責めに帰することができる事由（帰責事由）によるものである限り，債権者は損害賠償請求権（民415条），契約の解除権（民541条～548条）を有する。

　この帰責事由は「契約その他の債務の発生原因および取引上の社会通念に照らして定まる」（民415条1項ただし書）のであるから，「故意過失その他信義則上これと同視される事由」と解される。

　さらに民法は売買契約の効力として，権利移転の対抗要件を買主に備えさせる売主の義務（民560条），他人の権利の売買における売主の買主への権利の移転義務（民561条），契約不適合の場合の買主の追完請求権（民562条），買主の代金減額請求権（民563条），買主の損害賠償請求権および買主の契約の解除権

（民564条，415条，541条，542条），移転した権利に契約不適合がある場合の売主の担保責任（民565条，562条，563条，564条）を定めている。

　商法は商人間の商事売買について民法の特則を設け，売主に新たな権利を，買主に新たな義務を定めており，その規定（商524条〜528条）は，当事者双方の商人にとって商行為である場合（商人間の双方的商行為）にのみ適用される点に注意が必要である。すなわち，当該規定は，売買契約に関する民法の規定（民555条〜585条）の特則である。

　ただし，商事売買に関する規定は任意法規であって，特約や普通取引約款，商慣習等により当該規定を修正，排除することは可能である。

　商事売買に関する規定がわずか5条しか置かれていない理由としては，①「民法の商化」により，ほとんどの場合，民法で対処できること，②商人間の商事売買は，当事者の私的自治の要請が最も強い領域であり，詳細な規定はかえって取引の自由を阻害するおそれがあること，③商人間の商事売買では，普通取引約款または業界ごとの標準約款等によって取引が行なわれることが多く，また，国際取引のための条約やルールも整備されていることなどが挙げられる。

　商法上の商人間の商事売買規定の最大の特徴は「売主保護」であり，これは取引円滑のための商取引の迅速性および取引の安全の要請に基づくものである。商人間の売買では，同じ商人が買主となったり，売主となったりすることから，買主と売主の地位の互換性が認められることもその根拠である。

　ちなみに，商人と非商人（B2C）の売買においては，商人と比べて情報・交渉力に乏しい非商人が消費者（買主）の場合，「買主保護」の必要があり，民法の特別法としてのいわゆる消費者法（割賦販売法・特定商取引法・消費者契約法等）で手当てされている。

2　売主の供託権・競売権（自助売却権）

　商人間の売買において，買主がその目的物の受領を拒み（受領遅滞），またはこれを受領することができないときは（受領不能），売主はその物を供託し，

または相当の期間を定めて催告した後に競売に付することができる（商524条
1項前段）。

この場合において，売主がその物を供託し，または競売に付したときは，遅
滞なく，買主に対してその旨の通知を発しなければならない（商524条1項後段）。

損傷その他の事由による価格の低落のおそれがある物（生鮮食料品，市場価
格の変動の激しい投機性商品等）は，前項の催告をしないで競売に付すること
ができる（商524条2項）。これを売主の供託権・競売権（自助売却権）という。

商法524条2項の規定により売買の目的物を競売に付したときは，売主は，
その代価を供託しなければならない。ただし，その代価の全部または一部を代
金に充当することを妨げない（商524条3項）。この場合，弁済期が到来してい
ることが前提である。

民法上も，弁済者（たとえば売主）が弁済の提供をした場合において債権者
（たとえば買主）が目的物の受領を拒み，もしくはこれを受領することができ
ないとき，または売主（弁済者）が債権者を確知することができないときは，
弁済者（たとえば売主）は目的物の引渡義務（弁済）を免れるために，その物
を供託して，債権を消滅させることができるが（民494条），民法の場合，①目
的物が供託に適しないとき（過大容積物，危険物等），②その物について滅失
もしくは損傷その他の事由による価格の低落のおそれがあるとき（生鮮食料品
等），③その物の保存に過分の費用を要するときに限って競売に付し，その代
金を供託することができ，かつその競売には裁判所の許可を要するとし，さら
に，競売代価を代金に充当することについては認めていない（民497条）。この
ように民法は，供託を原則として，競売を例外としている。

それに対して商法は，その目的物を供託することはもちろん，目的物がなん
であれ，相当の期間を定めて催告すれば，裁判所の許可なしに競売に付するこ
とができ，しかも急を要する場合には，催告なしで競売に付することができる
としており，民法よりも目的物を競売しやすいよう修正しており，さらに競売
代価を売買代金に充当すること（充足権）も認められており，この競売は売主
が債権回収を確保するための競売であり自助売却権である。

　もちろん，この場合の売主は，供託権と競売権を選択することができるが，判例によれば，売主は契約解除権を行使して，買主に対して損害賠償を請求することもできるとされている（大判大6・12・25民録23・2227）。

　なお，民法では供託の通知（民495条3項）は，民法の原則に従い，到達主義であるが（民97条1項），商法（競売の通知も含む）では，「買主に対してその旨の通知を発しなければならない」と定められていることから，発信主義である（商524条1項後段）。

　競売の通知は効力発生要件ではなく，売主が通知を遅滞なく発しなかったときでも，競売自体は有効であるとされており（大判大10・6・10民録27・1127），通知がなければ売主の買主に対する損害賠償の問題となるにすぎない。

　以上のように，商法上の当該規定は売主の債権回収の迅速性および確実性に配慮しており，売主保護を図っている。

3　確定期売買における買主のみなし契約解除

　商人間の売買において，売買の性質または当事者の意思表示により，特定の日時または一定の期間内に履行をしなければ契約をした目的を達することができない場合（確定期売買または定期売買）において，当事者の一方が履行をしないでその時期を経過したときは，相手方は直ちにその履行の請求をした場合を除き，契約の解除をしたものとみなされる（商525条）。

　民法上，契約の解除権の行使には相手方に対する解除の意思表示が必要である（民540条）。しかし商人間の確定期売買の場合，解除の意思表示をしなくても解除の効果が発生し，また契約の解除は，当事者の一方の不履行が債務者履行遅滞にあたるかどうかに関係なく，所定時期の経過という客観的事実によってみなされるのである（最判昭44・8・29判時570・49）。本来，履行遅滞にあたるかは，債務者の責めに帰すべき事由によるかどうかにかかっているが，ここではそれは問題とならない。

　たとえば，クリスマス用商品（大判昭17・4・4法学11・12・1289），お中元・

お歳暮用商品等の売買が確定期売買の典型である。

　民法は，特定の目的または一定の期間内に履行がなされなければ契約の目的を達することができない場合（定期行為）において，売主が履行しないでその時期を経過したときは，買主は催告をすることなしに，いつでも契約の解除をすることができると規定している（民542条）。

　民法上，当事者の一方がその債務を履行しない場合において，相手方が相当の期間を定めて催告をし，その期間内に履行がないときは，相手方は契約の解除をすることができるのが原則であり（民541条），催告を不要とする定期行為に関する規定はその例外である。

　しかし，これでは，買主に，契約を解除するか，解除しない（すなわち，履行請求をする場合）かの選択権を認め，投機の機会を与えてしまう。つまり，目的物の相場価格が上がれば解除権を行使せず，逆に相場価格が下がれば解除権を行使することによって，売主が長期間不利な立場に置かれ，しかも売買契約上の危険も負担させられることになる。

　そこで，商法525条は商取引の迅速性にも配慮して民法を修正し，買主が直ちに履行請求しない限り，契約は解除されたものとみなし，売主保護を図っているのである。

4　買主の目的物の検査・通知義務

　商人間の売買において，買主はその売買の目的物を受領したときは，遅滞なくその物を検査しなければならない（商526条1項）。

　この場合，買主は，同項の規定による検査により売買の目的物が種類，品質または数量に関して契約の内容に適合しないことを発見したときは，直ちに売主に対してその旨の通知を発しなければ，その不適合を理由とする履行の追完の請求，代金の減額の請求，損害賠償の請求および契約の解除をすることができず，また，売買の目的物が種類または品質に関して契約の内容に適合しないことを直ちに発見することのできない場合において，買主が6か月以内にその

不適合を発見したときも同様である（商526条2項）。

　これは買主の目的物の検査・通知義務といい，ドイツ旧商法に由来する「買主，注意せよ」という原則に基づくものである。ただし，商法526条2項の規定は，売買の目的物が種類，品質または数量に関して契約の内容に適合しないことにつき売主が悪意であった場合には適用しない（商526条3項）。

　民法では売買の契約不適合の場合の責任について，売買の目的物の「種類・品質・数量」に関して契約の内容に適合しない場合，買主は買主に帰責事由がない限り（民562条2項，563条3項），売主に対して履行の追完請求（目的物の修補，代替物の引渡し，不足分の引渡し）ができる（民562条1項）。

　また，一定の事由があれば直ちに（民563条2項），そうでなければ，相当の期間を定めて催告しても履行の追完がないときに，買主は代金の減額請求ができる（民563条1項）。

　さらにいずれの場合でも要件を満たせば，買主は債務不履行の規定に基づく損害賠償請求（民415条）または契約の解除（民541条，542条）をすることができる（民564条）。

　しかし，民法上，目的物の契約不適合が「種類・品質」にある場合，買主はその不適合を知った時から1年以内に売主に通知しなければ，売主に悪意・重過失のない限り，履行の追完請求，代金減額請求，債務不履行の規定による損害賠償請求または契約の解除をすることができない（民566条）。

　この「1年」の期間は除斥期間であるとされ（最判平4・10・20民集46・7・1129），これは売主が長期間買主からの責任追及に晒される負担を軽減するものであるが「数量」については売主でも比較的発見し易いことから，この除斥期間内の通知は買主にとって必要ない。

　しかし，商法は，売主・買主に地位の互換性のある商人間の売買について，買主に目的物の検査と「種類」，「品質」，「数量」に関する契約不適合の通知を課し，「種類」と「品質」についての契約不適合を直ちに発見できない場合でも，6か月以内にそれを発見し，通知できなければ契約不適合責任を追及することができなくすることによって（商526条），法律関係の早期確定，売主保護

を図っているのである。

　この通知がなされると，契約不適合を知った時から 5 年で買主の責任追及のための諸債権は時効消滅する（民166条）。

　なお，商法526条は不特定物の売買にも適用されると解されている（最判昭35・12・2 民集14・13・2893）。

5　買主の目的物の保管・供託義務

　商人間の売買において，商法526条 1 項に規定する場合においては，買主は契約の解除をしたとき（売買の目的物の種類，品質，数量に関する契約不適合による）であっても，売主の費用をもって売買の目的物を保管し，または供託しなければならない（商527条 1 項本文）。

　ただし，その物について滅失または損傷のおそれがあるときは，裁判所（売買の目的物を管轄する地方裁判所）の許可を得てその物を競売に付し（緊急売却），かつ，その代価を保管し，または供託しなければならない（商527条 1 項ただし書・2 項）。

　これを買主の目的物の保管・供託義務といい，買主には保管か供託の選択ができる。

　ただし，売主がその契約不適合につき悪意であった場合には，売主を保護する必要はないため，商法527条 1 項の規定にかかわらず，買主には目的物の保管・通知義務は適用されないものと解される（商527条 1 項，526条 3 項）。

　商法527条 1 項の規定により，買主が売買の目的物を競売に付したときは，遅滞なく売主に対してその旨の通知を発しなければならない（商527条 3 項）。

　買主は商法510条との対比から，物品の価額がその費用を償うのに足りないとき，または商人がその保管によって損害を受ける場合であっても売主の費用で保管または供託をしなければならないが，別途，報酬も請求できる（商512条）。

　また，買主はこの保管・供託義務または緊急売却義務に違反して売主に損害

が発生すれば，損害賠償責任を負う（民415条）。

　商法527条1項・2項・3項の規定は，売主および買主の営業所（営業所が
ない場合にあっては，その住所）が同一の市町村の区域内にある場合には適用
されない（商527条4項）。売主と買主との距離が近い場合，売主は速やかに目
的物を引き取ることが可能であるし，売主にあまり不利益とはならないからで
ある。

　商法527条の規定は，売主から買主に引き渡した物品が，注文した物品と異
なる場合における当該売主から買主に引き渡した物品，および売主から買主に
引き渡した物品の数量が注文した数量を超過した場合における当該超過した部
分の数量の物品についても準用される（商528条）。

　民法上は，契約を解除した場合，当事者は原状回復義務を負い（民545条1
項），最終的には売買の目的物を相手方に返還するだけでよいが，商人間の売
買においては，買主は売主の費用で売買の目的物を保管または供託しなければ
ならない。

　商法527条の規定は，目的物の返送費用，返送中の転売機会の喪失，目的物
の損傷，価格低落の危険等は売主が負担することになるので，売主にとって，
目的物が現存する場所でそれを売却できれば，返送による不利益を回避でき，
また，転売機会も確保できるため，売主保護を図るものである。

第6章 交互計算

1 交互計算の意義

交互計算とは，商人間（B2B）または商人と商人でない者との間（B2C）で平常取引をする場合において，一定の期間内の取引から生ずる債権および債務の総額について相殺をし，その残額の支払いをすることを約することによって，その効力を生ずるものである（商529条）。

交互計算が行なえるのは，少なくとも当事者の一方が商人である場合で，かつ平常取引，つまり，継続的取引関係があることが必要で，また，当事者双方に債権・債務が生じる関係がなければならない。交互計算は商人にとって附属的商行為である（商503条）。

交互計算の期間は契約で自由に設定できるが，当事者が相殺をすべき期間を定めなかったときは6か月とされる（商531条）。

交互計算に組み入れる債権・債務は，当事者間の契約によって定まり，別段の定めのない限り，当事者間の取引から生じる一切の債権・債務である。

しかし，以下のような債権は，交互計算の対象外である。すなわち，相殺に適さない金銭債権以外の債権，当事者間の取引から生じた債権ではない事務管理・不当利得・不法行為に基づく債権および第三者から譲り受けた債権，現実の履行を要する消費貸借の予約による債権，特別な権利行使を要する有価証券上の債権，担保付債権である。

以上のような交互計算は古典的交互計算と呼ばれるのに対し，銀行の当座勘定契約のように預入れ・払出しのたびごとに残額と利息が計算され，期末に一

括相殺するものでない交互計算は段階的交互計算と呼ばれる。この段階的交互計算には担保的機能がないため，後述の交互計算不可分の原則は適用されない。

　交互計算の経済的な機能には，反復継続して行なわれる大量の商取引によって生じた当事者双方の債権・債務の差額を期末に一括して決済することにより，①決済を簡便化する機能，②個別の債務にかかる弁済を履行遅滞に陥ることなく繰り延べることにより，手持ちの資金を有効利用できること，③送金の手間，費用，危険を軽減できること，④互いに相手方に対して有する債権について，他の債権者に優先して満足を得ることができるという意味での担保的機能などがある。

2　交互計算の効力

　交互計算期間中，交互計算に組み入れられた債権・債務は不可分一体であり，独立性がないため，当事者は各権利を行使したり，譲渡・質入れ・差押え等の処分をしたりすることができない。これは交互計算の消極的効力であり，交互計算不可分の原則ともいう。

　ただし，計算不可分の原則には例外がある。すなわち，手形その他の商業証券から生じた債権および債務を交互計算に組み入れた場合において，その商業証券の債務者が弁済をしないときは，当事者は，その債務に関する項目を交互計算から除外することができる（商530条）。

　交互計算不可分の原則の第三者との関係においては，判例によれば，交互計算の当事者間だけでなく善意の第三者にも妥当し，交互計算に組み入れられた各個の債権は，格別に取り立て，または譲渡することができず，譲渡の不許については2017年改正前民法466条2項ただし書き（善意の第三者に対抗できない旨の規定）の適用がなく，各個の債権の差押え・転付命令も第三者の善意悪意を問わず無効であるとされている（大判昭11・3・11民集15・320）。

　それに対して，多数説は，交互計算は当事者間の契約にすぎず，公示手段もなく，第三者を害することになるから，当事者が各個の債権を処分したとして

も善意の第三者（譲受人，質権者等）に対抗できず，当該処分は有効であるとする。

交互計算期間が満了した場合，債権債務の総額について一括相殺がなされ，差引計算後に当事者のいずれかの残額債権に更改される。

当事者は，債権および債務の各項目を記載した計算書の承認をしたときは，債権債務関係が確定し，当該計算書の記載に錯誤または脱漏がない限り当該各項目について異議を述べることができない（商532条）。これを交互計算の積極的効力という。

相殺によって生じた残額については，債権者は，計算の閉鎖の日以後の法定利息を請求することができる（商533条1項）。また，当該相殺にかかる債権・債務の各項目を交互計算に組み入れた日からこれに利息を付すこともできる（商533条2項）。

3　交互計算の終了

交互計算契約は，民法上は，交互計算の存続期間の満了およびその他契約の一般終了原因により終了するが（民541条，543条），それに加えて，商法上は特則によっても終了する。

すなわち，各当事者はいつでも交互計算契約の解除（解約告知）ができ，その場合，直ちに交互計算を閉鎖し，残額について支払請求をすることができる（商534条）。また，当事者の一方において破産手続（破産59条），更生手続（会更63条）が開始された場合も交互計算は終了する（破産59条1項）。

第 7 章　匿名組合

1　匿名組合の意義

　匿名組合とは，当事者の一方である匿名組合員（出資者）が相手方である営業者の営業のために出資をし，その営業から生ずる利益を分配することを約する二当事者間の契約である（商535条）。

　出資者である匿名組合員は商人でも非商人でもよいが，営業者は商人でなければならず，匿名組合契約は商人の附属的商行為ということになる。これは匿名組合契約が商行為法に規定されているゆえんである。

　匿名組合員は金銭その他の財産しか出資することができず，労務・信用出資は認められていない（商536条2項）。その出資は営業者の財産に帰属する（商536条1項）。よって，匿名組合は，その財産が総組合員の共有となる民法上の組合（民668条）と異なり，組合自体の財産や組合員の持分は観念できない。

　匿名組合は匿名組合員と営業者との共同事業であるが，営業者の取引の相手方と直接の法律関係に立つのは営業者であって，匿名組合員ではない（商536条4項）。

　すなわち，匿名組合員は営業者の行為について，第三者に対して権利・義務を有しない。これは，民法上の組合（民667条）のように，各組合員が無限責任を負うこととは対照的である。

　匿名組合は匿名組合員が有限責任を，営業者が無限責任を負っているため，いわば法人格のない合資会社のようなものである。

　また，匿名組合は，匿名組合員が無限責任を負わず，営業上の権利義務も負

わないことから，民法上の組合とは異なっている。

　匿名組合は，実務では合同会社（GK）が匿名組合（TK）の営業者となって匿名組合員との間で匿名組合出資契約を行う GK-TK スキームにおいて，とりわけ，不動産等の資産を小口化（流動化）する不動産等資産運用への投資，太陽光発電事業への投資，クラウドファンディング事業への投資，航空機や船舶の運用への投資等で活用されているようである。

　ここで合同会社は，まず一般社団法人等からの出資により設立され，投資の箱としての特定目的会社（SPC）となり，そして匿名組合出資契約に基づき，匿名組合員からの出資も受け，同時に銀行等レンダーからの借入れも合わせて資金調達をし，資産運用によって得た利益を匿名組合員に分配する。もちろん，この場合の匿名組合員の責任は有限責任であり，リスクが限定される。

　原資産の保有者はオリジネーターといい，匿名組合の営業者である SPC は，原資産をオリジネーターから購入する場合もあるが，信託方式の場合，信託受益権を取得する。

2　匿名組合員の権利義務

　匿名組合員は出資義務を負い（商535条），その出資の目的は金銭その他の財産しか認められない（商536条2項）。出資された財産は営業者の財産に帰属する（商536条1項）。

　匿名組合員は営業者に対して営業を行なわせる営業請求権を有し，また営業者に対して利益分配請求権を有する（商535条）。分配は各匿名組合員がその割合を定めなかったときは各出資の割合によってなされる（民674条1項参照）。

　ただし，出資が損失によって減少したときは，その損失を塡補した後でなければ，匿名組合員は利益の配当を請求することができない（商538条）。これを匿名組合員の損失塡補義務という。

　なお，匿名組合における損失の分配については商法上規定はないが，特約のない限り，利益の配分割合と同一に解すべきであろう。

　匿名組合員は自己の氏もしくは氏名を営業者の商号中に用いることまたは自己の商号を営業者の商号として使用することを許諾したときは，その使用以後に生じた債務については，営業者と連帯してこれを弁済する責任を負う（商537条）。これは名板貸責任（商14条）と同様に，外観法理または禁反言の法理に基づくものであり，相手方は悪意の場合は保護されない。

　匿名組合員は，営業年度の終了時において，営業時間内に貸借対照表の閲覧または謄写を求め，または営業者の業務・財産の状況を検査することができる（商539条1項）。また，匿名組合員は重要な事由があるときは，いつでも裁判所の許可を得て，営業者の業務および財産の状況を営業年度の終了時に，営業時間内に検査することができる（商539条2項）。これらを匿名組合員の営業監視権という。

　なお，匿名組合契約が終了したときは，営業者は匿名組合員にその出資の価額を返還しなければならないが，出資が損失によって減少したときは，その残額を返還するだけでよい（商542条）。これを出資価額返還義務という。

3　営業者の権利義務

　営業者は匿名組合員に対して出資請求権を有し（商535条）。また営業者は商人であることから報酬請求権を有する（商512条）。

　また，営業者は匿名組合の営業に関する業務を執行し，匿名組合を代表することができ（商536条3項），明文の規定はないものの，民法上の組合に関する規定（民671条，644条）を類推して匿名組合員に対する善管注意義務を負うと解されており，判例もそれを認めている（最判平28・9・6集民253・119）。それゆえ，営業者には業務執行義務もあると解される。

4　匿名組合契約の終了

　匿名組合契約で匿名組合の存続期間を定めなかったとき，またはある当事者

の終身の間，匿名組合が存続すべきことを定めたときは，各当事者は6か月前に解約告知をすれば，営業年度の終了時において契約を解除することができる（商540条1項）。

　また，匿名組合の存続期間を定めたか否かにかかわらず，やむを得ない事由があるときは，各当事者はいつでも匿名組合契約の解除をすることができる（商540条2項）。

　その他，当事者の意思によらない契約終了事由には，①匿名組合の目的である事業の成功またはその成功の不能，②営業者の死亡または営業者が後見開始の審判を受けたこと，③営業者または匿名組合員が破産手続開始の決定を受けたこと，がある（商541条各号）。

　匿名組合契約が終了したときは，営業者は，匿名組合員にその出資の価額を返還しなければならないが，出資が損失によって減少しているときは，その残額を返還するだけでよい（商542条）。匿名組合が債務超過の場合，匿名組合の残債務につき匿名組合員は有限責任であるが，営業者は無限責任を負う。

第8章 仲立営業

1 仲立人の意義

仲立人とは，他人間の商行為の媒介をすることを業とする者である（商543条）。つまり，商法上，仲立人とは商事仲立人を意味する。

旅館や旅客運送の契約を媒介する旅行業者，保険の契約を媒介する保険仲介人，商行為としての不動産取引の媒介を行なう宅地建物取引業者（宅建業者），海上物品運送契約等の媒介を行なう海運仲立業者等は商事仲立人である。

それに対して，結婚仲介業者，商行為でない不動産取引の媒介を行なう宅建業者等は民事仲立人である。

ここで「他人間」の「他人」は商人でなくてもよいが，当事者のいずれか一方にとって商行為でなければならない。

また，ここで「媒介」とは他人間の契約等，法律行為の成立に向けて尽力するという事実行為である。

商事仲立人であろうと，民事仲立人であろうと，仲立ち（媒介）を引き受ける行為（商502条11号）を「業として」，つまり営業として行なうので，いずれの仲立人も媒介を行なう独立の商人（商4条1項）である点で，媒介代理商（商27条）と類似している。

しかし，媒介代理商は特定の商人のためにのみ媒介を行なうのに対し，仲立人は不特定多数の他人間の取引の媒介を行なう点において異なっている。

また，仲立人は後述の問屋（商551条）とも異なる。問屋は自己の名をもって本人のために法律行為を行なうが，仲立人は法律行為を行わず，仲介，斡旋，

勧誘等の事実行為を行なうにすぎないからである。

2　仲立人の義務

　仲立人と商行為の媒介を仲立人に委託する者（委託者）との間では仲立契約が締結される。仲立契約によって委託者は，事実行為である媒介を仲立人に委託するので，準委任行為として民法の委任に関する規定（民643条以下）が準用される（民656条）。

　それゆえ，受任者としての仲立人は民法上，一般的な義務として，委託者に対して善管注意義務を負う（民644条）。

　さらに，仲立人は商法上，以下のような義務を負う。

(1)　当事者のための給付受領制限

　仲立人は，当事者の別段の意思表示または別段の慣習がない限り，その媒介により成立させた行為について，当事者のために支払その他の給付を受けることができない（商544条）。これは仲立人にとって当事者のための給付受領権限が原則として制限されていることを意味する。

(2)　仲立人の見本保管義務

　仲立人がその媒介する行為につき見本を受け取ったときは，その行為が完了するまでこれを保管しなければならない（商545条）。これを仲立人の見本保管義務という。

　この見本とは見本売買における見本のことであり，見本売買とは委託者と相手方における売買の目的物が見本と同一の種類・品質を有するものとして行なわれる取引のことである。見本の保管は，媒介の際に示された見本とは異なる商品が引き渡されたことなどに起因する事後の紛争に備えた証拠保全の意味がある。

(3)　仲立人の結約書交付義務

　仲立人は，当事者間において行為が成立したときは，各当事者が自己の氏名
または商号を相手方に示さないよう命じた場合（商548条）を除き，遅滞なく
各当事者の氏名または商号，行為の年月日およびその要領を記載した書面（仕
切書，契約書等）を作り，署名の後，これを各当事者に交付しなければならな
い（商546条1項）。これを仲立人の結約書交付義務という。ここで「要領」とは，
目的物の名称，品質，数量，履行の方法・場所・時期等のことである。

　当事者が直ちに履行をしなくてもよい場合，仲立人は各当事者の結約書に署
名させた後，それを相手方に交付しなければならない（商546条2項）。

　当事者の一方が書面を受領せず，または，これに署名しないときは，仲立人
は遅滞なく相手方に対してその通知を発しなければならない（商546条3項）。

(4)　帳簿（仲立人日記帳）の作成・謄本交付義務

　仲立人は，帳簿（仲立人日記帳）を作成し，結約書に記載した事項をこれに
も記載しなければならない（商547条）。当事者はいつでも仲立人が媒介した行
為について，仲立人日記帳の謄本を交付することを請求できる（商547条2項）。

　この帳簿は委託者と相手方との間で成立した取引について記載し，証拠の保
全のために作成が義務づけられたものである。

(5)　名称（氏名・商号等）黙秘義務

　当事者はその氏名または商号を相手方に示さないよう仲立人に命じることが
でき，この場合，仲立人は，結約書および仲立人日記帳の謄本に氏名または商
号を記載できない（商548条）。これを仲立人の氏名黙秘義務という。当事者の
氏名・商号等の開示は商取引の駆引上不利となる場合があるからであろう。な
お，謄本に記載できない場合でも，原本には記載しなければならない。

⑹　仲立人の介入義務

　仲立人は当事者の一方の氏名または商号を示さなかったときは，その相手方当事者に対して自ら履行する責任を負う。これを介入義務という（商549条）。これは相手方の信頼を保護するためである。

　仲立人が介入義務を履行した場合，仲立人は黙否を命じた当事者に対して求償ができる。

3　仲立人の権利

　仲立人は媒介により，当事者間で契約が成立した後，結約書の交付手続を終了した後は，報酬（仲立料）を請求することができる（商550条1項）。これを仲立料請求権という。

　もともと，仲立人は商人であるがゆえに，委託者に対して報酬を請求できるはずであるが（商512条），本特則は，仲立人の報酬は，契約が成立しなければ得ることができない成功報酬型であることを意味している。

　仲立人の報酬は当事者双方が折半して負担する（商550条2項）。仲立人は委託者の相手方とは法律関係に立たないが，報酬は請求できる（仲立料平分負担主義）。つまり，商事仲立人は，委託を受けていない当事者に対しても報酬の半額を請求でき，一方の当事者に報酬の全額を請求できないことを意味する。

　他方，民事仲立人も商人であるがゆえに委託者に対して相当の報酬を請求することはできるが（商512条），委託者の相手方に対して商法550条2項を類推適用して報酬を請求することはできないと解されている。

　これにつき判例は，民事仲立人の宅建取引業者が客観的にみて委託を受けない相手方のためにする意思をもって仲介取引をしたと認められるとき（事務管理）は報酬請求権を取得する可能性があることを示唆しているが（最判昭44・6・26民集23・7・1264），相手方の利益のために客観的に尽力したことなど実質が伴わない限り，報酬請求権は認められないであろう。

　なお，前述のように，仲立人には，その媒介により成立させた行為について，当事者の別段の意思表示または別段の慣習があるときを除き，当事者のために支払その他の給付を受ける権限（給付受領権限）がない（商544条）。仲立人は媒介という事実を引き受けてはいるが，媒介した取引の当事者ではないからである。よって，当事者の一方が仲立人に給付をしても，原則として，他の当事者に対して債務を履行したことにはならないということに注意が必要である。

第9章 問屋営業

1 問屋の意義

　問屋とは，自己の名をもって，他人（委託者）のために，物品の販売または買入れをなすことを業とする者である（商551条）。すなわち，問屋は，物品の売買契約の取次ぎ（商502条11号）を業として行なう商人（商4条1項）である。このように，取次業者である問屋は，卸売業者である問屋とは異なる。

　ここで「物品」には，動産以外に有価証券も含まれると解されるので（最判昭32・5・30民集11・5・854），金融商品取引業者である証券会社や商品取引所の商品取引員も典型的な問屋である。

　ここで「自己の名をもって」とは，自己が法律行為の当事者となり，自己に法律効果である権利義務が帰属するという意味である。

　また，「他人のために」とは，「委託者たる他人の計算で」という意味であり，「他人の計算で」とは，他人に経済効果が帰属するという意味である。

2 問屋の法律関係

(1) 問屋と委託者との関係（内部関係）

　問屋は委託者のために物品の売買の取次ぎを引き受けることから，まず，問屋と委託者との間で問屋契約（取次委託契約）が締結される。問屋契約の本質は法律行為（売買）の引受けであるから，民法上，委任契約である（民643条）。

しかし，商法上，問屋と委託者との間には，委任の規定が適用されるだけでなく，代理に関する規定も準用される（商552条2項）。

なぜなら，問屋が相手方となした法律行為の効果は問屋に帰属し，代理の場合の本人とは異なり，委託者には帰属しないが，問屋の相手方との法律行為は委託者の計算でなされるものであり，経済効果は代理の場合の本人と同様に委託者に帰属することになるからである（間接代理）。

したがって，問屋が相手から受け取った売買代金や相手から引渡しを受けた売買の目的物は，委託者に引き渡さなければならない（問屋の委託者に対する目的物の引渡義務）。

ところで，問屋が買い入れた目的物を委託者に引き渡す前に，問屋が破産手続開始の決定を受けた場合において判例は，問屋が委託の実行としてした売買により取得した権利につき実質的利益を有するのは委託者であるから，問屋がこの権利を取得した後，これを委託者に移転しない間に破産した場合においては，委託者は右権利につき取戻権を行使しうるとしている（最判昭43・7・11民集22・7・1462）。

(2)　問屋と相手方との関係（外部関係）

問屋は他人（委託者）のために相手方となしたる販売または買入れ等の売買をしたときは，相手方に対して自ら権利を有し，義務を負う（商552条1項）。この点で，問屋は本人と相手方との間に法律効果を帰属させる代理人とは異なる。

(3)　委託者と相手方との関係（外部関係）

委託者と相手方との間には法律関係はない。問屋と相手方との間の法律行為の効果が委託者には帰属しないからである。それゆえ，委託者は問屋から相手方に対する債権を譲り受けない限り，相手方に対して直接，履行請求できない。

3　問屋の義務

　問屋契約は委任契約であるため，問屋は委託者に対して，一般的義務として民法上の善管注意義務を負う（民644条）。さらに，商法上，以下の義務を負う。

(1)　自ら履行する義務（問屋の履行担保義務）

　問屋は当事者の別段の意思表示または慣習がない限り，委託者のためになした販売または買入れにつき相手方がその債務を履行しない場合，委託者に対して自らその履行をなすべき責任を負う（商553条）。これを問屋の履行担保義務という。この履行担保責任は代替給付可能な場合に限られる。

　これは，相手方との法律関係を有しない委託者を保護し，問屋の信用を確保するための規定であり，無過失責任と解されている。

(2)　問屋の指値遵守義務

　問屋が委託者の指定した金額より安く販売をなし，または高く買入れをなした場合において，その差額を負担するときは，その販売または買入れは委託者に対して効力を有する（商554条）。

　そもそも，問屋は，委託者が一定の価格で売買するよう指図すれば，それに従わなければならず（指値遵守義務），問屋がそれに従わなかった場合には，委託者はその売買契約の経済効果を自己に帰属させないことができる。しかし，問屋がその差額につき負担すれば，その売買契約の効力は委託者に対して生じる。

(3)　問屋の通知義務

　代理商の通知義務（商27条）は問屋にも準用され（商557条），問屋が委託者のために販売または買入れをなしたときは，遅滞なく委託者に対してその通知をしなければならない（問屋の通知義務）。問屋はこの通知を怠った場合，委

託者に対して損害賠償責任を負う。

4 問屋の権利

問屋は，以下の権利を有する。

(1) 問屋の報酬請求権・費用等償還請求権

問屋は商人であるから，その営業の範囲内において他人のために行為をしたときは，特約がなくても当然に相当な報酬を請求することができる報酬請求権を有する（商512条）。

しかし，委任を受けた受任者としての問屋は，委任事務を履行した後でなければ報酬請求ができない（民648条2項）。

また，委任者の責めに帰することができない事由によって委任事務の履行をすることができなくなったとき，または委任が履行の途中で終了したときは，受任者は既にした履行の割合に応じて報酬を請求することができる（民648条3項）。

受任者としての問屋は費用については前払請求ができ（民649条），また，すでに立て替えた費用および法定利息の償還請求ができる（民650条1項，商513条2項）。

(2) 問屋の介入権

問屋は取引所の相場がある物品の販売または買入れの委託を受けたときは，自ら買主または売主となることができ，これを問屋の介入権という（商555条）。証券会社の自己売買がそれにあたる。

介入権が取引所の相場がある物品の売買にのみ認められているのは，利益相反により委託者が害されるおそれが少ないからである。また，介入権を認める理由は，それによって委託目的が迅速に達成され，委託者の利益にもなるからである。

なお，問屋は介入権を行使したとしても，委託者に対して報酬を請求することができる（商555条2項）。

(3) 問屋の供託権・競売権

問屋が物品の買入れの委託を受けた場合に，委託者がその物品の受取りを拒み，またはこれを受け取ることができないときは，問屋はその物品を供託し，または相当の期間を定めて催告した後に競売することができる（商556条，524条1項前段）。これは問屋の利益を保護するための規定である。

問屋がその物を供託し，または競売に付したときは，遅滞なく，買主に対してその旨の通知を発しなければならない（商556条，524条1項後段）。

(4) 問屋の留置権

問屋には，代理商の留置権に関する規定（商31条）が準用される（商557条）。問屋は委託者に対して有する報酬請求権（商512条），費用償還請求権（民650条1項）および利息請求権（商513条2項）を担保するために，弁済期が到来しているときはその弁済を受けるまで，委託者のために占有する委託者所有の物または有価証券を留置でき，被担保債権と留置物との間の個別的牽連関係は不要である。

なお，問屋には商人間の留置権に関する規定（商521条）が準用されない。これは委託者が商人とは限らないからである。

5 準問屋

準問屋とは，自己の名をもって他人のために販売または買入れ以外の行為をすることを業とする者であり，これにも問屋に関する規定が準用される（商558条）。

準問屋には，広告，出版，旅客運送，宿泊等の旅行，保険契約に関して取次ぎをする業者等がある。

　なお，物品運送の取次業者である運送取扱人（商559条）も広義の準問屋である。

運送営業

第10章

1 運送契約と運送法

運送契約とは物品または旅客を場所的に移動させることを引き受け，相手方が運送賃を支払うことを約する諾成・不要式の契約であり，それが営業としてなされるときは営業的商行為となり（商502条4号），運送営業者は商人（商4条1項）である。

運送契約の本質は，仕事（人・物の場所的移動）の完成を目的とするから請負契約である（民632条）。運送契約の当事者は，運送の委託者である荷送人と運送人である。

国際海上物品運送法2条にいう荷送人は，広く荷主を指し，必ずしも運送契約上の当事者に限られず，利用運送事業者（フォワーダー）が運送人との間で直接運賃交渉等を行なっている場合には当該業者が荷送人と解される（東京地判平16・4・9判時1869・102）。

その他，運送契約の当事者ではないが荷受人がおり，その地位も運送契約上重要である。

運送は運送地域により，陸上運送，海上運送（国内・国際），航空運送（国内・国際）に分けられ，また，運送の対象により，物品運送，旅客運送に分けられる。

陸上運送についてはもともと商法第二編の商行為法に規定がある。その他，国内海上運送については商法第三編の海商法が，国際海上運送については国際海上物品運送法が適用される。航空運送については航空法に，国際航空運送につ

いては1955年ハーグ改正ワルソー条約および1999年モントリオール条約等に規定があるものの，商法には規定がない。

　もっとも運送取引に関して，2018年「商法及び国際海上物品運送法の一部を改正する法律」（以下，「2018年改正商法」という）は，運送人の定義等に関する規定を設け（商569条），陸上運送に関する商行為法（商法第2編第8章）の規定を，海上運送・航空運送および複合運送にも妥当する総則的規律として位置付け，これまで規定のなかった航空運送および複合運送についても，商法の規定を及ぼすものとしている。

　そして，2018年改正商法は，危険物についての荷送人の通知義務に関する規定を新設し，荷送人は，運送品が引火性，爆発性その他危険性を有するものであるときは，その引渡しの前に，運送人に対し，その旨および当該運送品の安全な運送に必要な情報を通知しなければならないものとしている（商572条）。

　また，本法は，運送人の責任についての期間制限について見直し，運送品の滅失等についての運送人の責任は，運送品の引渡しがされた日（運送品の全部滅失の場合にあってはその引渡しがされるべき日）から1年以内に裁判上の請求がされないときは，消滅するものとしている（商585条1項）。

　さらに，本法は，旅客運送人の責任に関する規定を新設し，旅客の生命または身体の侵害による運送人の損害賠償の責任（運送の遅延を主たる原因とするものを除く）を免除し，または軽減する特約は，原則として無効とするものとしている（商591条）。

2　運送人の意義

　商法上，運送人とは，陸上運送，海上運送または航空運送の引受けをすることを業とする者をいう（商569条）。2018年改正前商法（商行為法）上，運送人といえば，陸上運送の場合に限られていたが，改正後は陸上運送だけでなく，国内海上運送および国内航空運送の場合も含まれる。

　なお，運送人には物品運送人と旅客運送人がある。

3　物品運送人の義務

　物品運送人は契約上一般的には，運送品を運送し，目的地においてこれを荷受人に，または，貨物引換証の所持人に対して，運送品を引き渡す義務（運送品引渡義務）を負っている。そして，一般的義務として，物品運送人は運送品の受取，運送，保管および引渡しについて注意義務を負う（商575条）。しかしながら，それがいかなる程度の注意を尽くすべき義務なのか，明文の規定がないため不明であるが，おそらく善管注意義務であろう。

　その他，運送人は，商法上，以下の義務を負う。

(1)　物品運送人の指図遵守・処分義務

　荷送人は，物品運送人に対し，運送の中止，荷受人の変更，その他の処分を請求することができ（商580条前段），そのため，物品運送人は荷送人の指図に従う義務を負っているといえる。これを指図遵守・処分義務という。

　その他の処分とは，経路変更，荷受人の変更などを指す。荷送人にとっては，運送途中における買主の信用状態，物品の相場価格の変動に機敏に対応しなければならないからである。

　物品運送人がその指図に従い，運送品を処分した場合，すでにした運送の割合に応じた運送賃，付随の費用，立替金およびその処分によって生じた費用の弁済を請求することができる（商580条後段）。

(2)　物品運送人の損害賠償義務

　物品運送人は運送品の滅失，損傷，延着について，過失があれば損害賠償義務を負う（商575条）。これには，運送営業の特性ゆえ，民法の債務不履行責任規定（民415条）の修正が見られる。

　滅失，損傷については後述のように，損害賠償額に特則があり，民法416条2項の予見可能な特別損害には及ばず，損害は運送品の客観的価値としての通

常損害に限られ，また，損害額の算定基準は「地」と「時」によって定型化されており（商576条），さらに，高価品の特則（商577条），責任の消滅に関する特則（商584条，585条）もある。

4　物品運送人の損害賠償責任

　物品運送人は，運送品の受取から引渡しまでの間にその運送品が滅失し，もしくは損傷し，もしくはその滅失もしくは損傷の原因が生じ，または運送品が延着したときは，これによって生じた損害を賠償する責任を負う（商575条本文）。ただし，物品運送人がその運送品の受取，運送，保管および引渡しについて注意を怠らなかったことを証明したときは，この限りでない（商575条ただし書）。この「注意を怠らなかった」という文言から，物品運送人の責任は過失責任である。

　物品運送人の過失を認定した判例には，設立準備中の会社を荷受人とする運送契約において，運送品を，かつて同じ荷受人の表示のある運送契約において配達したことのある設立事務所に運送することを内容とするものであったにもかかわらず，設立準備委員の一人の指図に従い，同委員に運送品を引き渡してしまい，結果としてその滅失を招いた場合がある（最判昭35・3・17民集14・3・451）。

　また，宅配便における損害賠償の額をあらかじめ定めた責任限度額に限定することにつき，運賃を可能な限り低い額にとどめて宅配便を運営していく上で合理的なものであり，これは債務不履行責任だけでなく，不法行為責任にも適用され，荷受人も，少なくとも宅配便によって荷物が運送されることを容認していた場合には，信義則上，責任限度額を超えて運送人に対して損害の賠償を求めることは許されないとした判例がある（最判平10・4・30判時1646・162）。

　ところで，商法575条は民法上の債務不履行責任規定（民415条）の特則ではなく，単に具体的かつ注意的に規定したものにすぎないと従来解されてきている。ただし，商法上，損害賠償額，高価品，責任の消滅に関しては特則がある。

　なお，2017年改正民法415条１項ただし書きは，損害賠償責任の免責事由として，「債務の不履行が契約その他の債務の発生原因および取引上の社会通念に照らして債務者の責めに帰することができない事由」を掲げており，従来，民法415条１項の単なる注意規定であると解されてきている商法575条（旧商577条）の解釈に変更が生じる可能性があるため，2017年民法改正後の商法575条は民法415条１項の特則に当たると思われる。また，運送取扱人（商559条）および倉庫業者（商617条）の損害賠償責任も，民法415条１項との関係では同様の解釈となるであろう。

(1)　損害賠償額の定型化

　物品運送人の損害賠償額は，運送品の滅失または損傷の場合，その引渡しがされるべき地および時における運送品の市場価格（取引所の相場がある物品についてはその相場）によって定め，市場価格がないときは，その他および時における同種類で同一の品質の物品の正常な価格によって定める（商576条１項）。
　そして，運送品の滅失または損傷のため，支払う必要のない運送賃その他の費用は前項の損害賠償額から控除される（商576条２項）。
　商法576条２項の規定は，物品運送人の故意または重大な過失によって運送品の滅失または損傷が生じたときは適用しない（商576条３項）。そのような物品運送人を損害賠償額の定型化によって保護する必要がないからである。
　このように，物品運送人の損害賠償額は定型化されている。これらの規定は損害賠償の範囲を通常損害と予見可能な特別損害に及ぼす民法416条の特則であり，運送人の損害賠償額を定型化している理由は，運送品を大量に廉価で迅速に運送しなければならない物品運送人の立場を考慮し，迅速かつ画一的に処理するためである。ただし，単なる延着の場合には，商法上規定がないので，民法の一般原則に戻る。
　複合運送の場合において，陸上運送，海上運送または航空運送のうち２以上の運送を１の契約で引き受けた場合における運送品の滅失等（滅失，損傷，延着）についての物品運送人の損害賠償責任は，それぞれの運送においてその運

送品の滅失等の原因が生じた場合に当該運送ごとに適用されることとなる我が国の法令または我が国が締結した条約の規定に従うものとされる（商578条 1 項）。

　また，前項の規定は陸上運送であってその区間ごとに異なる 2 以上の法令が適用されるものを 1 の契約で引き受けた場合について準用される（商578条 2 項）。

(2)　高価品の特則

　運送品が，貨幣・有価証券その他の高価品である場合には，荷送人が運送を委託するに当たり，その種類および価額を通知（旧商法下の明告<rt>みんこく</rt>）しなければ，運送人はその滅失，損傷または延着について損害賠償の責任を負わない（商577条 1 項）。

　本条所定の高価品とは，容積または重量の割に著しく高価な物品のことであって，容量重量ともに相当巨大であって，その高価なことも一見明瞭なものは高価品に該当しないとされる（最判昭45・ 4 ・21判時593・87）。

　たとえば，高価品には，宝石，貴金属，高級時計，美術品などがあり，また，フロッピーディスクも高価品とされるが（神戸地判平 2 ・ 7 ・24判時1381・81），パスポートはそれには当たらないとされている（東京地判平元・ 4 ・20判時1337・129）。

　明告（旧商法下の）の有無について，裁判例には，絨毯目録が運送人の依頼によって作成され，送付されたが，そこには絨毯の産地名，工房名，色および柄の特徴，新旧の別ならびに大きさによって，それぞれの絨毯の種類が特定されるとともに，それぞれについての評価額が記載されている場合には，明告があったとするものがある（東京地判平10・ 5 ・13判時1676・129）。

　ただし，鉄道営業法11条の 2 第 2 項および鉄道運輸規程73条 2 号については，商法577条（旧商578条）の特則であると解し，荷送人が物品運送人に対し，高価品の運送を委託する場合において，その種類および価額を明告したとしても，要償額を表示し，かつ表示料を支払っていなければ，運送人は同規程同条同号の金額を超えて損害賠償責任を負うものではないとした判例がある（最判昭63・ 3 ・25判時1296・52）。

　商法577条の趣旨は，高価品は損害発生の危険が高く，通知がなければ運送人はこの高価品に対して特別な注意を払うことができず，また，そのリスクに応じた割増運送賃を請求したり，保険を掛けたりすることができないからである。

　このように，通知がなければ物品運送人は損害賠償責任を負わず，さらには，普通品としての責任も負わないとするのが本特則である。

　ただし，通知はないが，高価品であることを物品運送人が知っていた場合（悪意），通説によれば，物品運送人は高価品としての損害賠償責任を負うものとされている。

　また，通知はないが，運送人の故意または重過失によって運送品が滅失・損傷した場合，裁判例によれば，物品運送人はやはり高価品としての損害賠償責任を負うものとされている（東京地判平 2・3・28判時1353・119）。

(3)　物品運送人の責任の消滅

　運送品の損傷または一部滅失についての物品運送人の責任は，荷受人が異議をとどめないで運送品を受け取ったときは消滅する（商584条 1 項本文）。

　ただし，運送品に直ちに発見することができない損傷または一部滅失があった場合において，荷受人が引渡しの日から 2 週間以内に物品運送人に対してその旨の通知を発したときは物品運送人の責任は消滅しない（商584条 1 項ただし書）。

　運送品の引渡しの当時，物品運送人がその運送品に損傷または一部滅失があることを知っていた場合（悪意），商法584条 1 項の規定は適用されない（商584条 2 項）。

　物品運送人がさらに第三者に対して運送を委託した場合において，荷受人が商法584条 1 項ただし書きの期間内に物品運送人に対して通知を発したときは，物品運送人に対する第三者の責任に係る同項ただし書きの期間は，物品運送人が当該通知を受けた日から 2 週間を経過する日まで延長されたものとみなされる（商584条 3 項）。

　運送品を受け取ったときに直ちに発見できない瑕疵があった場合のこれらの規定は，商事売買における買主の目的物検査通知義務（発見から6か月以内）の規定（商526条）および民事売買における目的物の種類または品質に関する担保責任の期間の制限規定（民566条）に類似している。

　なお，運送品の減失等についての物品運送人の責任は，運送品の引渡しがされた日（運送の全部減失の場合はその引渡しがされるべき日）から1年以内に裁判上の請求がされないときは消滅する（商585条1項）。これは物品運送責任を追及する者の短期出訴期限である。この出訴期限は，運送品の減失等による損害が発生した後に限り，合意により延長することができる（商585条2項）。

5　物品運送人の不法行為責任

　商法575条の物品運送人の責任は運送契約上の債務不履行責任であるが，この規定と不法行為責任（民709条，715条，商690条）との関係が問題である。物品運送人が故意過失で運送品を損傷，減失させた場合，荷受人の物品運送人に対する不法行為の要件も満たし得るからである。

　商法575条の物品運送人の責任は運送契約上の責任であり，これには損害賠償額の定型化（商576条），高価品の特則（商577条），物品運送人の責任の消滅（商584条，585条）の規定の適用があるが，不法行為責任を追及する場合，これらの物品運送人の責任を制限する規定を物品運送人が援用できるか問題であった。

　判例は，物品運送契約の当事者ではない宅配便の荷受人が物品運送人に対し損害賠償請求をした事例において，責任限度額の定めは，物品運送人の荷送人に対する債務不履行責任についてだけでなく，荷送人に対する不法行為責任に基づく責任についても適用されるとしている（最判平10・4・30判時1646・162）。

　さらに，2018年改正商法は，物品運送人の責任を制限する諸規定（商576条，577条，584条，585条）を運送品の減失等についての物品運送人の荷送人または荷受人に対する不法行為責任について準用すると規定した（商587条本文）。

　ただし，荷受人があらかじめ荷送人の委託による運送を拒んでいたにもかか

わらず荷送人から運送を引き受けた物品運送人の荷受人に対する責任について
はそれが準用されない（商587条ただし書）。

　なお，物品運送人の責任を制限する諸規定は，物品運送人の被用者に対して
不法行為責任が追及される場合にも援用でき，物品運送人の責任が免除され，
または軽減される限度において，被用者の責任が免除・軽減される（商588条
1項）。ただし，被用者の故意重過失によって運送品の滅失等が生じたときは
この限りでない（商588条2項）。

　海運実務では，物品運送人が有する運送契約上の抗弁を被用者も援用できる
とする「ヒマラヤ条項」がある。

　債務不履行責任と不法行為責任との関係について，同一の事実がそれら二つ
の責任要件を満たす場合，相手方はいずれの損害賠償請求権も主張もできると
する考え方を請求権競合説といい，債務不履行責任は不法行為責任の特則であ
るがゆえに，債務不履行責任の要件を満たす場合には，不法行為責任が排除さ
れるとする考え方を法条競合説という。

　通説・判例は請求権競合説に立っている。不法行為責任との関係では，物品
運送人の履行補助者が故意・過失により運送品を滅失・損傷させた場合，この
履行補助者が直接，荷受人に対して不法行為責任を負うかどうかも問題である
が，判例はこれを認めている（最判昭38・11・5民集17・11・1510）。

6　物品運送人の権利

　物品運送人は，以下の権利を有しており，物品運送人の荷送人または荷受人
に対する権利の消滅時効は権利を行使することができる時から1年である（商
586条）。

(1)　物品運送人の運送品引渡請求権

　前述のように，運送契約は諾成契約であって要物契約ではないことから，本
来，運送品の引渡しがなくても契約自体は成立するが，物品運送人が債務を履

行できるよう，物品運送人には運送品引渡請求権（商570条）がある。

(2)　物品運送人の送り状交付請求権

物品運送人は運送契約締結後，荷送人に対して，運送状（送り状）の交付または送り状に記載すべき事項の電磁的方法による提供を請求することができる（商571条1項・2項）。

送り状の記載事項には①運送品の種類，②運送品の容積もしくは重量または包もしくは個品の数および運送品の番号，③荷造りの種類，④荷送人および荷受人の氏名または名称，⑤発送地および到達地がある（商571条1項各号）。

なお，送り状は有価証券ではなく，運送契約の内容に関する証拠証券にすぎない。

(3)　物品運送人の運送賃および費用償還請求権

物品運送人は，運送の仕事を完成したときは，特約がなくても当然に，荷送人に対して運送賃を請求できる（商512条）。

運送賃は到達地における運送品の引渡しと同時に荷受人が支払わなければならない（商573条1項，581条3項）。運送契約は請負契約だからである（民633条）。このように運送賃は後払い（着払い）が原則であるが，特約があれば前払いもありうる。

また，運送品がその性質または瑕疵によって滅失し，または損傷したときは荷送人は運送品の支払いを拒むことができない（商573条2項）。

しかし，運送品の滅失・損傷が不可抗力によるものであった場合，不可抗力は当該事業の外部から生じたでき事で，事業者が通常必要と認められる予防方法を尽くしても防止できない危害を意味し（東京地判平8・9・27判時1601・149），当事者双方の責めに帰することのできない事由（民536条1項）に当たることから，物品運送人には運送賃請求権はない。

運送賃以外でも物品運送人は，関税，保険料，包装費，倉庫保管料等の費用を立て替えていた場合，荷送人に対し，その費用の償還を請求することができ

る。

⑷　物品運送人の留置権・運輸の先取特権

　物品運送人は，運送品に関して受け取るべき運送賃，付随の費用および立替金についてのみ，その弁済を受けるまで，その運送品を留置することができる（商574条）。物品運送人の留置権は被担保債権と留置物との間の個別的牽連関係を必要とする。

　また，荷物の運送賃および付随の費用に関し，物品運送人の占有する荷物について，運輸の先取特権を有する（民318条）。

⑸　物品運送人の供託権・競売権（自助売却権）

　物品運送人は，①荷受人を確知できない（所在不明）場合は運送品の供託を，②①の場合において，運送品の処分について荷送人が指図をしない場合は運送品の競売を，③損傷その他の事由による価格の低落のおそれがある場合は運送品の競売をし，その競売代価を供託しなければならないが，その代価の全部または一部も運送賃等に充当することができる（商582条1項〜4項）。

　物品運送人が運送品を供託・競売したときは，遅滞なく，荷送人に対して通知を発しなければならない（商582条5項）。

　なお，運送品のこの供託・競売の規定は，荷受人が運送品の受取りを拒み，またはこれを受け取ることができない場合について準用される（商583条）。

7　荷送人の義務

⑴　荷送人の運送賃支払義務

　運送契約は請負契約であるため，報酬は仕事の目的物の引渡しと同時に支払わなければならないことから（民633条），運送賃も到達地における運送品の引渡しと同時に支払わなければならないとされている（商573条1項）。そのため，

運送賃は後払いが原則であるが，運送賃を前払いとする特約があれば荷送人に運送賃支払義務があることになる。運送品がその性質または瑕疵によって減失・損傷した場合，荷送人は運送賃の支払いを拒めない（商573条2項）。

(2)　荷送人の送り状交付義務

荷送人は物品運送人の請求により，所定の事項を記載した送り状を作成し，物品運送人に交付しなければならず（商571条1項），電磁的方法による提供をもって交付とみなされる（商571条2項）。これは前述の物品運送人の送り状交付請求権に対応するものである。

(3)　荷送人の危険物通知義務

荷送人は，運送品が引火性，爆発性，その他の危険性を有するものであるときは，その引渡しの前に，物品運送人に対し，その旨および当該運送品の品名，性質その他の当該運送品の安全な運送に必要な情報を通知しなければならず（商572条），これを荷送人の危険物通知義務という。

荷送人がこの義務に違反して物品運送人に損害が発生すれば物品運送人に対して損害賠償責任を負うことになるが，物品運送人の保護のみならず，公益性の観点から，過失責任のもとで，より厳格な運用が求められよう。

8　荷受人の地位

荷受人とは，荷送人によって送り状に荷受人として指定され（商571条1項4号），到達地において運送品を受け取る者である。

荷受人は，運送品の到着前は，なんらの権利も有さず，運送品の処分権も荷送人にあるが，運送品の到達地到着後は，運送契約によって生じた荷送人の権利を取得する（商581条1項）。もっとも，運送品が到着した段階においては，荷受人が運送品の引渡しを請求するまでは，荷送人の権利も存続している（商581条2項参照）。

　商法581条の性質については，それを第三者のためにする契約（民537条）と解する説もあるが，商法581条によれば，受益の意思表示（民537条3項）は不要であり，また，荷受人は運送賃その他の費用の支払義務も負うことから，法律の特別の規定に基づくものと解するほかない。

　荷受人は運送契約の当事者ではないが，運送品が到達地に到着した後は，物品運送人に対して，以下のような一定の権利を有し，義務を負う。

(1)　荷送人と同一の権利義務

　運送品が到達地に到着し，または運送品の全部が滅失したときは，荷受人は物品運送契約によって生じた荷送人の権利と同一の権利を取得する（商581条1項）。

　運送品到達後，荷受人が運送品引渡請求権を行使するまでは，荷送人も同一の権利を有する。この権利には運送人に対する運送の中止，荷受人の変更その他の処分を請求する処分権（商580条）や損害賠償請求権（商575条）も含まれる。

　荷受人が運送品引渡請求またはその損害賠償請求をしたときは，荷送人はその権利を行使することができないと規定されてはいるが（商581条2項），実際には荷送人の権利は消滅するものではなく，荷受人の権利が優先するにすぎないと解されている。

(2)　荷送人と同一の運送賃その他費用の支払義務

　荷受人が運送品を受け取ったときは，物品運送人に対し運送賃等（運送賃，付随の費用および立替金）を支払う義務を負う（商581条3項）。

9　複合運送・相次運送

　陸上運送，海上運送または航空運送のうち2以上の運送を1の契約で引き受けた場合の運送を複合運送という（商578条1項）。この場合の物品運送人の損害賠償責任は，それぞれの運送においてその運送品の滅失等の原因が生じた場

合に当該運送ごとに適用されることとなる我が国の法令または我が国が締結した条約の規定に従う（商578条1項）。

　これはコンテナの普及に伴い，国内でまたは国際的に陸・海・空での全部または少なくともその二つを組み合わせた物流網が張りめぐらされており，責任の原因が発生した区間に応じた準拠法を明らかにした規定である。

　また，同じ陸上運送でもトラックや鉄道など複数の運送用具が使用されることがあり，商法以外にも運送別の特別な法規もあるため，この場合にも商法578条1項が準用される（商578条2項）。実務では運送約款による規律もある。

　次に，同一の運送品について，数人の物品運送人が相次いで運送をする場合のことを相次運送という（商579条1項）。

　判例によれば，相次運送とは，ある運送人が荷送人より引き受けた運送につき，他の運送人が荷送人のためにする意思をもって相次いで運送を引き受ける場合をいい，当初の運送人が全部を引き受け，後の運送人が受託者または下請負人としてする運送を包含しないとされている（大判明45・2・8民録18・93）。

　相次運送には四つの類型があり，①部分運送（数人の運送人が各独立して運送を順次引き受ける場合），②下請運送（ある1人の運送人が全区間の運送を引き受け，その全部または一部について他の運送人に下請けをさせる場合），③同一運送（数人の運送人が，一つの運送契約として引き受け，内部的に役割分担を決める場合），④連帯運送（数人の運送人が一通の通し送り状で運送を順次各自引き受けるが，対外的には運送品の滅失等（滅失・損傷・延着）につき連帯して損害賠償を負う場合）がある。

　数人相次で運送をなす場合においては，各運送人は運送品の滅失等につき，連帯して損害賠償の責任を負う（商579条3項）。本規定は，連帯運送に適用されるが，損害賠償請求権者である荷送人や荷受人が，どの運送人の過失によって運送品の損害が発生したかを証明するのが困難であるということがその背景にある。

　また，数人相次で運送の取次ぎをなす場合，後者の運送人は前者の運送人に代わってその権利（留置権，先取特権等）を行使する義務を負う（商579条1項）。

その場合，後者の運送人が前者の運送人に弁済をしたときは，後者の運送人は前者の運送人の権利を取得する（商579条2項）。

なお，これらの相次運送の規定は陸上運送に関するものであるが，海上運送および航空運送にも準用される（商579条4項）。

10 旅客運送契約

(1) 旅客運送契約の意義

旅客運送契約は，旅客運送人が旅客（自然人）の運送を引き受け，その対価として運送賃を支払うことを約する契約である（商589条）。その本質は請負契約であり，諾成・不要式契約であるが，乗車券の有価証券性をめぐる法的性質が問題となる。

旅客運送用具には自動車，鉄道，船舶，航空機等があり，わずかな商法の条文のほか，各種の運送約款が適用される。

(2) 乗車券の法的性質

旅客運送契約は大量かつ集団的処理を必要とするため，乗車券が発行されることが多く，その乗車券には，普通乗車券，回数乗車券（回数券），定期乗車券（定期券）がある。

普通乗車券は通常，無記名式であり，運送請求権が表章された有価証券であるが，改札後は単なる証拠証券となる。

回数乗車券は無記名式が多く，包括的な運送契約上の債権を表章する有価証券であると解する説があるが，判例は，乗車券の前払いがあったことを証して乗車賃に代用される一種の票券であるとしている（大判昭14・2・1民集18・77）。

定期乗車券は記名式であり譲渡性がないため（譲渡禁止），有価証券ではなく，単なる証拠証券であるとする説と譲渡性のない有価証券であるとする説に分か

れている。

(3) 旅客運送人の責任

旅客運送人は，旅客が運送のために受けた損害を賠償する責任を負うが，ただし，旅客運送人が運送に関し注意を怠らなかったことを証明したときは責任を負わない（商590条）。

これは物品運送人の責任（商575条）と同様に過失責任である。

この責任は，旅客が乗車券を購入した時または乗車券を購入する前に運送用具に乗車した時に始まり，乗車後，下車するまで継続する。

この場合，旅客が受けた損害とは死亡・傷害，携行品の滅失・毀損（損傷），遅延だけでなく，グリーン車などのように特別料金を徴収していた場合において，一定の付加価値を有する設備およびサービスの提供による快適性が不足していたこと等も含まれる。そして，それが確保されているかどうかは，列車の性質，運送区間，運送料金等の各運送契約の内容を勘案し，客観的にみて，一定の水準の設備，サービスが提供されているか否かによって判断される（東京地判平17・10・4判時1944・113）。

旅客の生命または身体の侵害による旅客運送人の損害賠償責任（運送の遅延を主たる原因とするものを除く）を免除し，または軽減する特約は，無効とされており，このような特約は禁止されている（民591条1項）。

ここで生命の侵害とは死亡を，身体の侵害とは負傷を意味する。

この特約禁止規定は，①大規模な火災，震災その他の災害が発生し，または発生するおそれのある場合において運送を行なうとき，②運送に伴い通常生ずる振動その他の事情により生命または身体に重大な危険が及ぶおそれがある者の運送を行なうときは，適用されない（商591条2項）。

託送手荷物（旅客運送人が旅客から引渡しを受け，運送の委託を受けた手荷物）については，旅客運送人は，特に運送賃を請求しないときでも，無過失を立証しない限り，物品運送人と同一の責任を負う（商592条1項）。

旅客運送人の被用者はこの託送手荷物について，物品運送契約における物品

運送人の被用者と同一の責任を負う（商592条2項）。

　ただし，当該手荷物が到達地に達した日から1週間内に旅客が引渡しを請求しないときは，旅客運送人は当該手荷物を供託し，または相当の期間を定めて催告した後に競売することができ，この場合，遅滞なく旅客に対してその旨の通知を発しなければならない（商592条3項）。

　損傷その他の事由による価格の低落のおそれがある手荷物は催告をしないで競売ができる（商592条4項）。

　この場合において競売に付したときは，旅客運送人はその代価を供託しなければならないが，その代価の全部または一部を運送賃に充当してもよい（商592条5項）。

　なお，旅客の住所または居所が知れないときは，同条第三項の催告および通知はしなくてもよい（商592条6項）。

　携帯手荷物（旅客運送人が旅客から引渡しを受けていない持込手荷物であり，身の回り品を含む）の滅失または損傷については，運送人は故意または過失がある場合を除き，損害賠償責任を負わない（商593条1項）。この運送人の故意または過失の主張立証責任は旅客の側にある。

　この携帯手荷物に関する責任については，損害賠償の定型化（商576条1項・3項），物品運送人の責任の消滅（商585条1項・2項），物品運送人の不法行為責任（商576条1項・3項，584条1項，585条1項・2項）および物品運送人の被用者の不法行為責任（商588条）に関する各規定が準用される（商593条2項）。

　なお，旅客運送人の旅客に対する債権はこれを行使できる時から1年間行使しないときは，時効によって消滅する（商594条，586条）。

11　運送証券

(1)　運送証券の意義

物品運送契約締結に伴い作成される運送書類には運送証券があり，その運送

証券には送り状（商571条），海上運送状（商770条），船荷証券（商757条），複合運送証券（商769条）がある。2018年商法改正では，船荷証券の陸上運送版であった貨物引換証は，国内で必要性に乏しかったことから削除されている。

　送り状は陸上運送用であり，荷送人が物品運送人の請求によって記載し，物品運送人に交付しなければならない証券であり，運送契約の内容を示す証券である。

　海上運送状は海上運送用であり，物品運送人または船長が，荷送人または傭船者の請求により，運送品の船積み後遅滞なく，船積みがあった旨を記載し，物品運送人または船長に交付しなければならない証券であり，運送契約の内容を示す証拠証券である。

　船荷証券は同じく海上運送用であるが，物品運送人または船長が荷送人または傭船者の請求により発行し，荷送人または傭船者に交付しなければならない証券であり，運送契約の内容，運送品の船積み・受取りがあったことを証明し，運送品引渡請求権が表章された有価証券である。

　複合証券は物品運送人または船長が，陸上運送および海上運送を，1の契約で引き受けたときに，荷送人の請求により，運送品の船積み後遅滞なく，船積みがあった旨を記載し，荷送人に交付する証券であり，船荷証券に関する規定が準用される（商769条2項）。

(2)　船荷証券の債権的効力

　物品運送人と船荷証券の所持人（荷受人等第三者）との関係は，船荷証券に記載された文言によって定まる（商758条）。これを船荷証券の債権的効力といい，これは船荷証券の文言証券性に由来する。

　そもそも運送契約の当事者は荷送人と物品運送人であるが，運送契約の条件は船荷証券に記載された文言どおりに荷受人等の船荷証券所持人に及ぶ。物品運送人は船荷証券の記載が異なること（つまり，荷送人と物品運送人が特約をしたにもかかわらず船荷証券に記載しなかった場合）をもって，善意の所持人に対抗することができない（商760条）。

　問題は，船荷証券が要因証券でもあるという点である。つまり，それは原因関係である運送契約の影響を受けるため，その要因証券性が場合によっては文言証券性と矛盾するのである。

　空券（からけん）（物品の受取りがないにもかかわらず，証券が発行されている場合）について，貨物引換証に関する判例は，貨物引換証は要因証券であって，運送人の貨物引渡債務は荷送人より受け取った運送品を目的とする債務であるから，物品運送人が運送品を受け取らない限りは，貨物引換証が発行されてもこれを引き渡すべき債務が発生する理由がないとして，要因証券性を重視してこれを無効とした（大判大2・7・28民録19・668，大判昭13・12・27民集17・2848）。

　他方，品違い（受け取った物品が貨物引換証の記載と異なる場合）については，倉庫証券に関する判例によれば，倉庫業者が，寄託を受けた物品が厳重に包装されていてその内容を点検することができなかったため，外装に記載してある通りに真実存中しているものと信じて，実際に預かった物でないものを受託物として倉荷証券に記載した場合にも，特に内容につき責任を負わない旨を記入しない限り，善意の所持人に対して，責任を免れないとして，文言証券性を重視している（大判昭11・2・12民集15・357）。

　なお，数量不足の場合も品違いの場合と同様に解せされる。

(3)　船荷証券の物権的効力

　船荷証券を発行したときは，運送品に関する処分（譲渡・質入れ等）は，船荷証券によってなされなければならず（商761条），船荷証券により運送品を受け取ることをうべき者に船荷証券を引き渡したときは，その引渡しは，運送品について行使する権利の取得につき運送品の引渡しと同一の効力を有する（商763条）。これを船荷証券の物権的効力という。

　貨物引換証に関する判例によれば，貨物引換証の発行されている運送品につき，物品運送人または物品運送人が指定した到達地の運送取扱人が，貨物引換証と引換えでなく運送品をその所持人以外の者に引き渡し，引渡しを受けた者が自己の所有物としてこれに質権を設定し，質権者が平穏かつ公然，善意，無

過失でこれを占有した場合，その者は民法192条によりその運送品に対する質権を取得し，貨物引換証の所持人はたとえその事実を知らなくても，その売得金に対し，権利を主張できないとされている（大判昭7・2・23民集11・148）。これは運送証券の善意取得よりも動産の即時取得の方が優先されることを意味する。

第11章　運送取扱営業

1　運送取扱人の意義

　運送取扱いは，物品運送の取次ぎ（自己の名をもって，他人の計算で法律行為をすることを引き受ける行為）のことであり，自己の名をもって物品運送の取次ぎ（運送品の引渡しを受け，当該運送に適した運送人と運送契約を締結）をなすことを業とする者を運送取扱人という（商559条1項）。

　運送取扱人は取次商である点で問屋と共通しているが，問屋は物品の売買契約の取次ぎをするのに対し，運送取扱人は物品運送契約の取次ぎをする点で異なる。ただし，運送取扱人にはそれと同様の性質を有する問屋に関する規定が準用される（商559条2項）。

　たとえば，荷送人がコンビニエンスストア（コンビニ）から荷物を発送する場合，荷送人とコンビニとの間で運送取扱契約が締結され，次にコンビニ（運送取扱人）と物品運送人との間で物品運送契約が締結されることになる。

2　運送取扱人の義務と責任

　運送取扱契約は，委託者と運送取扱人との間の委任契約であるため，一般的な義務として，運送取扱人は委託者に対して善管注意義務（商559条2項，552条2項，民644条）を負い，それに違反すれば債務不履行に基づき損害賠償責任を負う。

　商法上は，運送取扱人は自己またはその被用者が運送品の受取り，引渡し，

保管，物品運送人またはその運送取扱人の選択その他運送の取次ぎに関して注意を怠らなかったということを証明できなければ，運送品の滅失，損傷または延着について損害賠償の責めを免れない（商560条）。

　運送取扱人には物品運送に関する規定が準用されることから（商564条），運送取扱人も物品運送人に対して危険物通知義務（商572条），高価品である場合のその通知義務（商577条）を負い，また，物品運送人および物品運送人の被用者の不法行為責任（商587条，588条）と同様の不法行為責任を負うが，損害賠償額の定型化に関する規定（商576条）は準用されていないため，運送品の滅失・損傷にかかる損害賠償の額は民法416条が適用されることになる。

　なお，運送取扱人の責任の消滅については，物品運送人の責任の消滅の規定（商585条）の規定が準用される（商564条）。

3　運送取扱人の権利

　運送取扱人は，以下の権利を有する。運送取扱人の委託者または荷受人に対する債権は，運送人の債権の消滅時効に関する規定（商586条）が準用され（商564条），これを行使できる時から1年間行使しないときは，短期消滅時効によって消滅する。

(1)　運送取扱人の報酬請求権

　運送取扱人は商人であるため（商502条11号，4条1項），営業の範囲内で他人のために行為をしたときは，相当の報酬を請求することができ（商512条），運送取扱人が運送品を物品運送人に引き渡したときは，運送品が荷受人に引き渡されていなくても直ちにその報酬を請求することができる（商561条1項）。

　また，運送取扱契約で運送賃の額を定めたとき（確定運賃運送取扱契約）は，運送取扱人は特約がなければ，別に報酬を請求することがきない（商561条2項）。

⑵　運送取扱人の費用償還請求権

運送取扱人には問屋の規定が準用されるため，運送取扱人は，受託者として委任事務を処理するのに必要と認められる費用（ここでは運送契約に基づき運送人に支払った運送賃その他の費用）を委託者に請求できる（商559条，552条，民650条）。

⑶　運送取扱人の留置権

運送取扱人は，運送品に関して受け取るべき報酬，付随の費用および運送賃その他の立替金についてのみ，その弁済を受けるまでその運送品を留置することができる（商562条）。

運送取扱人の留置権は，商人間の留置権（商521条）とは異なり，荷受人保護のため，被担保債権（運送品に関して受け取るべき報酬請求権等）と留置物との間の個別的牽連関係が必要である。

⑷　運送取扱人の介入権

運送取扱人は特約がない限り，自ら運送を引き受けることができ，これを介入権という。この場合，運送取扱人は委託者に対して物品運送人と同一の権利義務を有する（商563条1項後段）。

運送取扱人が委託者の請求によって船荷証券または複合運送証券を発行したときは，自ら運送をするものとみなされ，介入が擬制される（商563条2項）。

4　運送取扱いにおける荷送人・荷受人の地位

運送取扱契約の委託者である荷送人は解釈上の運送取扱人に対して送り状を交付する義務（商571条参照），運送品の引渡義務，運送賃前払条件の場合の運送賃支払義務，その他，危険物通知義務を負い（商564条，572条），運送取扱いに関して運送品に損害が生じれば運送取扱人に対して損害賠償請求権を有する。

　運送取扱契約の場合の荷受人には，運送契約の場合の荷受人と同様の地位が認められている。すなわち，運送品が到達地に到着し，または運送品の全部が滅失したときは，荷受人は物品運送契約によって生じた荷送人と同一の権利を取得する（商564条，581条1項）。

　この場合において，荷受人が運送品の引渡しまたはその損害賠償の請求をしたときは，荷送人はその権利を行使することができない（商564条，581条2項）。

　また，荷受人が運送品を受け取ったときは，運送人に対し，運送賃等を支払う義務を負う（商564条，581条3項）。

5　相次運送取扱人

　相次運送取扱いとは，複数の運送取扱人が同一の運送品について，相次いで行なう運送の取次ぎである。

　相次運送取扱いには，下請運送取扱い，部分運送取扱い，中間（中継）運送取扱いがある。下請運送取扱いは，第一運送取扱人である元請運送取扱人がすべての運送の取次ぎを引き受け，運送取扱業務の全部または一部を第二以下の下請運送取扱人に行なわせるものである。また，部分運送取扱いは，第一運送取扱人が最初の区間の取次ぎを引き受け，第二以下運送取扱人が他の区間の取次ぎについて別々に委託を受けるものである。

　商法は相次運送取扱いについては，物品運送の相次運送人の権利義務に関する規定の一部を準用し，中間（中継）運送取扱いについて定めている。

　中間（中継）運送取扱いは，第一運送取扱人が発送地で最初の区間の取次ぎを引き受け，次の区間以降については順次，自己の名で委託者の計算で中継地運送取扱人を選択し，運送取扱いを委託したり，到達地で運送品を受け取る到達地運送取扱人を選択し，運送取扱いを委託したりするものである。中継地運送取扱人と到達地運送取扱人をまとめて中間運送取扱人という。

　すなわち，中間運送取扱人は自己の直接の前者を委託者とする運送取扱契約を締結することから，相次運送に関する後者による前者の権利の代理行使義務

（商579条１項），後者が前者に弁済したときの後者による前者の権利の取得（商579条２項）が準用される（商564条）。

第12章　場屋営業

1　場屋営業の意義

　場屋営業は，客の来集を目的とする場屋における取引である（商502条7号）。商法596条1項では，場屋営業者として，旅館，飲食店，浴場を掲げているが，これは単なる例示にすぎず，劇場，映画館等興行施設，遊戯場等娯楽・スポーツ施設など一般公衆に各種のサービスを提供する多様な物的・人的施設が含まれる。

　ただし，判例は理髪店について，理髪の請負または労務に関する契約があるだけで，設備の利用を目的とする契約は存在しないため，場屋営業者ではないとしている（大判昭12・11・26民集16・1681）。

　場屋営業に関する規定（商596条〜598条）は，多数の客が来集し，そこに滞留する場屋の客が持ち込んだ所持品の滅失・損傷につき，場屋営業者に責任を課すことによって，場屋の客を保護している。

2　場屋営業者の責任

(1)　客から物品の寄託を受けた場合

　場屋営業者（場屋の主人）は，客から寄託を受けた物品の滅失または損傷につき，それが不可抗力によるものであったことを証明しなければ，損害賠償責任を免れない（商596条1項）。

　通常，商人がその営業の範囲内において寄託を受けたときは，報酬を受けない場合であっても善管注意義務を負う（商595条）。ちなみに，民事寄託の場合，有償受寄者は善管注意義務を負うが（民400条），無償受寄者の義務は，自己の財産に対するのと同一の注意を尽くすことで足りる（民659条）。

　民事寄託であろうと商事寄託であろうと一般的に受寄者の責任は過失責任であるが，場屋営業者の受寄者としての責任に関する商法596条1項の規定は，寄託を受けた場屋営業者は過失がなかったこと（無過失）に加え，不可抗力によるものであることまで立証しなければ免責されないとし，場屋営業者の責任を加重している。

　これは旅店主や運送人が盗賊と結託して客から預った荷物を奪うことが多かったローマ時代において，受領という事実だけで厳格な結果責任を課していたローマ法上のレセプツム（receptum）責任に由来するとされる。

　寄託を受けたかどうかが争われた裁判例には，ホテルの利用者が自己所有の自動車をホテル側でホテルの敷地内で移動させることを了承し，その鍵を従業員に交付した場合，それによりホテルに対して保管を委託し，ホテルがこれに承諾したのであるから，ホテルは無償で当該ホテル利用者から本件自動車の寄託を受けたというべきであるとしたものがある（大阪高判平12・9・28判時1746・139）。

　また，ゴルフ場クラブハウス内の貴重品コインロッカーから客の財布が窃取された場合において「寄託」がなかったとする裁判例もある（秋田地判平17・4・14判時1936・167）。

　ところで，不可抗力の定義には，主観説，客観説，折衷説がある。

　不可抗力は，主観説によれば，事業の性質に従い，最大の注意をしてもなお避けることのできない事故であるとされ，客観説によれば，特定事業の外部から発生した出来事で，通常その発生を予測できないものとされ，折衷説によれば，特定の事業の外部から生じた出来事であって，かつ，通常必要と認められる予防方法を尽くしてもその発生を防止できないものとされる。

　主観説では，不可抗力によることの立証が無過失責任（結果責任）と同等と

なり，客観説では，予測できても，技術的にまたは経済的に防止できない場合まで責任を負わされることとなり妥当でないことから，折衷説が通説とされている。この折衷説では，①特定の事業の外部から生じた出来事であること，②通常求められる予防策をとっていたことを立証すれば免責されることになる。

　不可抗力によるとは認められないとした裁判例には，旅館の玄関前面の丘陵部分が集中豪雨によって崩落し，それに接して設けられていた駐車場に駐車していた車両が損傷を受けた場合において，丘陵部分に何らかの土留め設備が設けられていれば本件崩落事故は生じなかったとの可能性があり，また，土砂が崩れ始まってから旅館従業員等が事前に迅速に対応していれば本件車両の損傷の被害を防止できたとの疑いがあるから，車両の損傷が不可抗力によるものとは認められないとしたものがある（東京地判平8・9・27判時1601・149）。

(2)　客から物品の寄託を受けない場合

　客が特に寄託しない物品であっても場屋の中に携帯した物品が，場屋営業者が注意を怠ったことによって滅失し，または損傷したときは，場屋営業者は損害賠償の責任を負う（商596条2項）。この場合の過失（場屋営業者が注意を怠ったこと）の立証責任は客側にある。

　ゴルフ場経営者が「貴重品ロッカー」と銘打ってロッカーを設置したにもかかわらず，ロッカーはフロントからまったく見えないところに設置され，警備の程度が通常採られるべき水準に達していなかったと推認されるので，ロッカーに保管されていた財布が窃取された場合にこの「不注意」（注意を怠ったこと）があるとした裁判例がある（秋田地判平17・4・14判時1936・167）。

(3)　免責の一方的表示

　客の携行品については責任を負わない旨の表示を一方的にした場合であっても，場屋営業者は前二項（商596条1項・2項）の責任を免れない（商596条3項）。これは一般公衆を保護するための強行規定である。

　それに対して，商法596条1項・2項は任意規定であることから，場屋営業

者の責任を免除または制限する特約（約款等）はありうる。

(4)　高価品の特則

　貨幣，有価証券その他の高価品については，客がその種類および価額を通知してこれを場屋営業者に寄託するのでなければ，場屋営業者はその物品の滅失・損傷について損害賠償責任を負わない（商597条）。

　問題は，たとえば，高価品である旨の通知はなかったが，場屋営業者側がそれを知っていたか，故意に損害を与えた場合でも，本条が適用されるのかという点である。これについては，物品運送人の責任に関する高価品の特則（商577条1項）の適用を排除する商法577条2項と同様に解することができると思われる。

　また，場屋営業者の不法行為について判例は，高価品について明告（通知）がなかった場合で，債務不履行による損害賠償責任を負わない場合でも，不法行為による損害賠償責任を負うことはありうるとしたものがある（大判昭17・6・29新聞4787・13）。

　さらに，宿泊客がホテルのフロントに預けなかったものについて，あらかじめ種類および価額の明告（通知）がない限り，ホテル側が負担すべき損害賠償額の上限を15万円とする旨の約款は，ホテル側に故意または重大な過失がある場合には適用されないとした判例がある（最判平15・2・28判時1829・151）。

(5)　場屋営業者の責任の短期消滅時効

　場屋営業者の責任（商596条，597条）にかかる債権は，場屋営業者が寄託物を返還し，または客が場屋の中に携帯した物品を持ち去った時（物品の全部滅失の場合にあっては，客が場屋を去った時）から1年間行使しないときは時効により消滅する（商598条1項）。

　ただし，場屋営業者が当該物品の滅失または損傷につき悪意であった場合，この時効の規定は適用されない（商598条2項）。

第13章 倉庫営業

1 倉庫営業者の意義

　倉庫営業者とは，他人のために物品（動産に限る）を倉庫に保管することを業とする者である（商599条）。

　物品の保管は寄託の引受けにあたり，それを業として行なえば営業的商行為となり（商502条10号），倉庫営業者は商人である（商4条1項）。

　運送人が一時的に物品を保管する場合や，倉庫以外で寄託の引受けを受ける場合には，商法599条以下の倉庫営業に関する規定は適用されない。

　倉庫営業には倉庫業法の適用があり，倉庫業を営もうとする場合，国土交通大臣の行なう登録を受ける必要がある（倉庫3条）。倉庫業法によれば，倉庫とは，「物品の滅失もしくは損傷を防止するための工作物または物品の滅失もしくは損傷を防止するための工作を施した土地もしくは水面であって，物品の保管の用に供するもの」であるが（倉庫2条1項），消費者の物品の保管の用に供するトランクルームも特別に倉庫とされている（倉庫2条3項）。

2 倉庫寄託契約

　倉庫営業では，寄託者と倉庫営業者との間で倉庫寄託契約（実際には，倉庫寄託約款で）が締結される。この契約の本質は，民法上の寄託契約（民657条以下）である。

　民法上の寄託契約は，2017年民法改正前は，物品の引渡しを契約成立要件と

する要物契約としており，他方で，倉庫寄託契約について通説は，倉庫寄託契約の引受けは寄託物の引渡前から存在することから，この契約の成立要件に物品の引渡しを不要とする諾成契約であると解していたところ，改正後の民法657条は，寄託は当事者の一方がある物を保管することを相手方に寄託し，相手方がこれを承諾することによってその効力を生ずると規定し，寄託契約を諾成契約に改めた。

　商法上，倉庫寄託契約について諾成契約であるとする明文の規定は依然として存しないが，民法の改正を踏まえ，取引の安全・円滑のためにそれも諾成契約であると解すべきである。

　なお，改正後の民法では，複数の者が寄託した物の種類および品質が同一である場合には，受寄者は各寄託者の承諾を得たときに限り，これらを混合して保管することができるとして混合寄託が認められた（民665条の2第1項）。

　この場合，寄託者は寄託した物と同じ数量の物の返還を請求でき（民665条の2第2項），寄託物の一部が滅失したときは，寄託者は混合して保管されている総寄託物に対するその寄託した物の割合に応じた数量の物の返還を請求するか損害賠償の請求をすることができる（民665条の2第3項）。混合寄託も倉庫寄託契約の対象となりうる。

3　倉庫営業者の義務

(1)　寄託物保管義務・寄託物返還義務・寄託物返還の制限

　倉庫営業者（商人）は，その営業の範囲内で物品の寄託を受けた場合には無報酬であっても善管注意義務をもって寄託物を保管しなければならず（商595条，民659条），受寄者は寄託者の承諾を得なければ，受託物を使用することができず（民658条1項），また，寄託者の承諾を得たとき，またはやむを得ない事由があるときでなければ，第三者にこれを保管させることができない（民658条2項）。

　民法上，当事者が寄託物の返還の時期を定めた場合であっても，寄託者はいつでも受寄者に対し返還請求ができる（民662条1項）が，受寄者はやむを得ない事由がなければ，その期限前に返還することができない（民663条2項）。

　また，当事者が寄託物の返還の時期を定めなかった場合は，寄託者はもちろん（民662条1項），受寄者もいつでも寄託物を返還することができる（民663条1項）。

　しかし，商法上は，当事者が寄託物の保管期間を定めなかったときは，倉庫業者（受寄者）はやむを得ない事由がない限り，寄託物の入庫の日から6か月を経過した後でなければ，受寄物を返還することができない（商612条）。

　したがって，倉庫営業者は寄託者からの請求があれば，保管期間の定めの有無にかかわらず，いつでも寄託物を返還しなければならないが，保管期間の定めがない場合，倉庫業者からの返還については一定の制限がある。

(2) 倉荷証券交付義務・帳簿記載義務

　倉庫営業者は，寄託者の請求があるときは，寄託物の倉荷<ruby>倉荷<rt>くらに</rt></ruby>証券を交付しなければならない（商600条）。

　2018年商法（運送業）改正前には倉荷証券以外にも預証券および質入証券の規定もあったがあまり利用されていなかったことから当改正でそれらは廃止された。

　倉荷証券とは，倉庫寄託契約に基づくその所持人の倉庫営業者に対する寄託物返還請求権を表章する有価証券である。

　倉庫営業者は倉荷証券を寄託者に交付したときは，その帳簿に一定の事項を記載しなければならない（商602条）。

(3) 寄託物の分割請求に応じる義務

　倉庫営業者は，倉荷証券の所持人から請求があれば，寄託物の分割およびその各部分に対する倉荷証券の交付請求に応じなければならない（商603条1項）。この場合の費用は倉荷証券の所持人が負担する（商603条2項）。

(4)　寄託物点検・見本提供等協力義務

　寄託者または倉荷証券の所持人からの請求があれば，倉庫営業者は，営業時間内はいつでも寄託物の点検もしくは見本の提供に応じ，または保存に必要な処分をなさしめる協力義務がある（商609条）。これを寄託物点検・見本提供等協力義務という。

(5)　倉庫営業者の損害賠償義務

　倉庫営業者は，寄託物の保管に関し注意を怠らなかったことを証明しなければ，その滅失または損傷につき損害賠償の責任を免れることができない（商610条）。

　これは倉庫営業者の債務不履行責任であり，倉庫営業者に過失がなかったことの立証責任のある過失責任である。

　しかし，これは任意規定であり，実際には責任要件を故意または重過失とし，立証責任も損害賠償を請求する者に求める倉庫寄託約款も，寄託者が消費者であるトランクルームの場合を除き，寄託者が事業者であれば認められている。

　寄託物の損傷または一部滅失についての倉庫営業者の責任は，それについて倉庫営業者に悪意のない限り，寄託者または倉荷証券の所持人が，異議をとどめないで寄託物を受け取り，かつ，保管料および立替金その他寄託物に関する費用（商611条）を支払ったときは消滅する（商616条1項・2項）。

　ただし，寄託物に直ちに発見することができない損傷または一部滅失があった場合において，寄託者または倉荷証券の所持人が引渡しの日から2週間以内に倉庫営業者に対してその旨の通知を発したときは，その責任は消滅しない（商616条1項ただし書）。

　なお，寄託物の滅失または損傷についての倉庫営業者の損害賠償責任にかかる債権は，寄託物の出庫の日から1年間行使しないときは，倉庫営業者がその滅失または損傷につき悪意でない限り，時効によって消滅する（商617条1項・3項）。

寄託物の全部滅失の場合，その1年の期間は，倉庫営業者が倉荷証券の所持人（場合によっては寄託者）に対して，その旨の通知を発した日から起算する（商617条2項）。

4 倉庫営業者の権利

倉庫営業者には以下のような権利がある。

(1) 倉庫営業者の保管料等請求権

商人である倉庫営業者はその営業の範囲内において他人のために行為をしたときは，相当な報酬を請求することができるが（商512条），受寄物の出庫時以後であれば，保管料および立替金その他受寄物に関する費用の支払を請求することができ，また寄託物の一部を出庫するときは，出庫の割合に応じて，その支払を請求することができる（商611条）。

(2) 倉庫営業者の留置権および先取特権

倉庫営業者には，特別の留置権は認められてはおらず，一般的な民法上の留置権（民295条）か，または寄託者も商人である場合は，商人間の留置権（商521条）が適用される。

また，倉庫営業者の先取特権については，民法上の動産保存の先取特権（民320条）および商法上の寄託物競売代価からの優先弁済受領権がある（商615条，524条3項）。

(3) 倉庫営業者の供託権および競売権

倉庫営業者は，寄託者または倉荷証券の所持人が，寄託物の受領を拒み，またはこれを受領することができない場合，商人間の商事売買の特則と同様に，寄託物（目的物）を供託し，または競売に付することができる（商615条，524条1項・2項）。

5　倉荷証券

　倉荷証券とは倉庫営業者に対する寄託物返還請求権を表章する有価証券であり，寄託者の請求があれば倉業営業者によって発行・交付され，寄託中の寄託物の譲渡，質入れ（処分）を可能とするものである（商600条，605条，606条）。

　倉荷証券には，要式証券性（商601条），法律上当然の指図証券性（商606条），処分証券性（商605条，606条，607条），受戻証券性（商613条），および文言証券性（商604条）が規定上明らかであるが，要因証券性および非設権証券性もあると解されている。

　倉荷証券の債権的効力（商604条）における要因証券性と文言証券性の矛盾の解釈問題（とりわけ，品違いと空券の場合），および倉荷証券の物権的効力（商605条）については，本書第10章11運送証券の中の船荷証券に関する記述を参照されたい。

　実務ではこの倉荷証券はほとんど利用されておらず，その代わり荷渡指図書（有価証券ではなく，証券所持人への寄託物の引渡しを指図しただけのものであるデリバリー・オーダー）が商慣習としてよく利用されている。

　これを寄託者が発行した場合，これにより寄託者が物品の受寄者である倉庫営業者に対して，その寄託物の全部または一部をその荷渡指図書の所持人に引き渡すべきことを依頼し，指示し，倉庫営業者がその所持人にその寄託物を引き渡せば免責されるものである。

事項索引

さ行

186

判例索引

高等裁判所

地方裁判所

〈著者プロフィール〉

楠元 純一郎（くすもと　じゅんいちろう）

KUSUMOTO, Junichiro

東洋大学法学部教授（Professor of Toyo University）

共著編『日中対訳日本ビジネス法入門』（中央経済社，2012年）

単著『会社法要講』（酒井書店，2013年）

単著『サマリー会社法』（中央経済社，2016年）

監訳『中国の法律』（中央経済社，2016年）

共著『リーガルスタディ—現代法学入門』（中央経済社，2018年）

その他，著書・論文多数。

ラジオ「LeoNRadio 日の出」《われらの》シリーズでは，法学・哲学・文学・文化に関する情報を発信中。本書キーワードの解説付。

サマリー商法総則・商行為法（第2版）

2017年 4 月10日　第 1 版第 1 刷発行
2019年 1 月30日　第 1 版第 2 刷発行
2021年 3 月31日　第 2 版第 1 刷発行

著　者　楠　元　純一郎
発行者　山　本　　　継
発行所　㈱中　央　経　済　社
発売元　㈱中央経済グループ
　　　　　パ ブ リ ッ シ ン グ

〒101-0051　東京都千代田区神田神保町1-31-2
電　話　03(3293)3371(編集代表)
　　　　03(3293)3381(営業代表)
https://www.chuokeizai.co.jp

ⓒ 2021
Printed in Japan

印刷／東光整版印刷㈱
製本／有井上製本所

日本組織内弁護士協会〔監修〕

「Q&Aでわかる 業種別法務」シリーズ

Point
- 法務の現場で問題となるシチュエーションを中心にQ&Aを設定
- 執筆者が自身の経験をふまえて,「実務に役立つ」視点から解説
- 参考文献・関連ウェブサイトを随所で紹介。 本書を足がかりに, さらに理解を深めるための情報を提供しています。

銀 行
桑原 秀介・西原 一幸〔編〕
A5判・280頁・3,200円 + 税

不動産
河井 耕治・永盛 雅子〔編〕
A5判・284頁・3,200円 + 税

自治体
幸田 宏・加登屋 毅〔編〕
A5判・280頁・3,200円 + 税

医薬品・医療機器
岩本 竜悟〔編集代表〕
平泉 真理・水口 美穂・三村 まり子・若林 智美〔編〕
A5判・296頁・3,300円 + 税

証券・資産運用
榊 哲道〔編〕
A5判・252頁・3,200円 + 税

製 造
髙橋 直子・春山 俊英・岩田 浩〔編〕
A5判・280頁・3,200円 + 税

学 校
河野 敬介・神内 聡〔編〕
A5判・304頁・3,200円 + 税

中央経済社